D1878181

हिन्दी संक्षिप्त लेखन

Secretariat
Hindi Precis writing
with Solved Exercises

[FULLY REVISED AND ENLARGED EDITION]

R.P. KICHLU, M.A., L.T.
Retired P.E.S. and Ex-Secretary
Public Service Commission
Uttar Pradesh, Allahabad

Dr. S.P. UPADHYAYA
Retd Head of Hindi Department
& Professor U.G.C. Kumayun University,
Nainital

वाणी प्रकाशन

वाणी प्रकाशन का 'लोगो'
विख्यात चित्रकार मक़बूल फ़िदा हुसेन की
कूची से

ISBN : 978-93-5000-038-0

वाणी प्रकाशन
21-ए, दरियागंज, नयी दिल्ली-110002
द्वारा प्रकाशित
फोन : 0091#11#23273167, 23275710
फैक्स : 0091#11#23275710
ई-मेल : vaniprakashan@gmail.com
vani_prakashan@yahoo.com
वेबसाइट : www.vaniprakashan.in
संस्करण : 2009
द्वितीय संस्करण : 2011

मूल्य : 150.00

© राजकिशोर प्रकाशन की ओर से
वाणी प्रकाशन, नयी दिल्ली के पास
सर्वाधिकार सुरक्षित

आर. टेक ऑफसेट, शाहदरा, दिल्ली
में मुद्रित

HINDI SANKSHIPAT-LEKHAN
HINDI PRECIS WRITING
WITH SOLVED EXERCISES
by : Ramprasad Kichlu

प्रेसी राइटिंग

अथवा

संक्षिप्त-लेखन

अवतरण

मनुष्य विचारशील प्राणी है, वह सामाजिक जीवन में प्रतिक्षण अपने विचारों को व्यक्त किया करता है। विचारों की अभिव्यक्ति के साथ ही साथ उसे दूसरे लोगों के विचारों तथा मान्यताओं आदि का भी ध्यन रखना पड़ता है।

सामाजिक जीवन का ज्यों-ज्यों विकास होता जाता है उसी ढंग पर उपचार, शिष्टाचार तथा व्यवहार का भी विकास होता रहता है। इन सबका उचित रूप में पालन न करना अपने आप को अशिष्ट एवं असभ्य घोषित करना है।

उपर्युक्त विभिन्नता के कारण ही एक बात को पृथक्-पृथक् ढंग से कहा जा सकता है:—एक में निवेदन है तो अन्य में प्रार्थना; किसी-किसी व्यक्ति के प्रति स्नेहपूर्ण आदेश रहता है तो कहीं-कहीं मार्मिक व्यंग्य—तथापि मूल में एक ही विचारधारा अन्तर्निहित रहती है। सभ्यता, शिष्टाचार का गहन आवरण वास्तविक बात को इस प्रकार आच्छादित-सा कर लेता है कि लोग कृत्रिम रूप की विविधता को ही सत्य मानने लगते हैं। उदाहरण के लिए एक निमंत्रण-पत्र को ही लेते हैं—जब कोई किसी सम्माननीय व्यक्ति को आमंत्रित करना चाहता है तो उसके पत्र में अनन्त दैन्य एवं आभार-प्रदर्शन रहता है, वही आदमी अपने छोटे भाई को जब किसी उत्सव अथवा समारोह की सूचना देता है तो उसमें एक प्रकार की आज्ञा-सी रहती है। मित्र के पत्र में भाषा तथा कहने के ढंग में स्नेह, विश्वास तथा आत्मीयता की दिव्य आभा व्याप्त रहती है।

अस्तु, यह स्पष्ट है कि सामाजिक जीवन तथा व्यक्ति के दैनिक व्यवहार से मूल बात के साथ ही साथ भाषा, व्यवहार, शिष्टाचार के विभिन्न रूप भी अभिव्यक्त होते हैं। इन सब का आडम्बर लेख और कथन में अत्यधिक विस्तार कर देता है—ऐसा पत्रों, भाषणों एवं वक्तव्यों में नित्य-प्रति दिखाई पड़ता है।

संक्षिप्त-लेखन का विकास

जीवन की जटिलताएँ ज्यों-ज्यों बढ़ती जाती हैं, मनुष्य के पास समय की न्यूनता होने लगती है। फलतः वह किसी बात के वास्तविक तथ्य पर शीघ्र से शीघ्र पहुँचना चाहता है। विस्तार में न जाकर सारी बातों को संक्षेप में थोड़े समय में जान लेने की इच्छा से ही संक्षिप्त-लेखन का जन्म एवं विकास हुआ है।

हिन्दी में संक्षिप्त-लेखन अंग्रेजी भाषा से आया है। हमारे देश में अंग्रेजी भाषा एवं इसके बोलने वालों के आगमन से जीवन की प्रणाली में बड़ा परिवर्तन हो गया। अंग्रेजी भाषा राज-भाषा थी —फलतः कार्यालयों एवं पदाधिकारियों के मध्य संक्षिप्त-लेखन का प्रचलन हुआ। हिन्दी राष्ट्रभाषा पद पर आसीन हो गई है—फलतः संक्षिप्त-लेखन का प्रयोग अंग्रेजी भाषा के समान ही हिन्दी में व्यापक होता जा रहा है।

विषय-प्रवेश

संक्षिप्त-लेखन "किसी भी मूल विस्तृत विवरण, पत्र-व्यवहार, भाषण तथा वक्तव्य के वास्तविक तथ्यों एवं विषयों का ऐसा सुरुचिपूर्ण संयोजन है जिसमें असम्बद्ध, अनावश्यक बातों का परित्याग तथा समस्त उपयोगी तथ्यों का संक्षेपण चतुरता के साथ किया जाता है।"

संक्षिप्त-लेखन का उद्देश्य यही है कि पाठक थोड़े ही समय में समस्त ज्ञातव्य बातों से परिचित हो जाय। इसके साथ ही किसी विषय से सम्बन्धित सभी पत्रों एवं निर्देशों को सामने रखने की आवश्यकता न पड़े और उचित कार्यवाही के समय संक्षेप में सभी सूचनाएँ सामने हों, जिससे शीघ्र ही सारा कार्य सरलता के साथ सम्पन्न हो सके।

आज बड़े-बड़े कार्यालयों में यदि उपर्युक्त ढंग को न अपनाया जाय तो उच्च पदाधिकारियों का सारा समय पत्रों के पढ़ने में ही समाप्त होने लगे; इतना ही क्यों—कितनी ही बातें स्मृति-पटल से लुप्त हो जायें। संक्षिप्त-लेखन के द्वारा यह कष्ट-साध्य कार्य अत्यधिक सुगम हो गया है। इससे थोड़े ही समय में किसी भी कार्य पर सफलता के साथ विचार एवं निर्णय किया जा सकता है। हम इसे यों भी कह सकते हैं :

"संक्षिप्त-लेखन ऐसा सचित्र इतिहास है जो नेत्रों के समक्ष सभी परस्पर सम्बद्ध चित्रों की क्रमबद्ध चित्रावली उपस्थित कर देता है।"

भ्रम-निवारण

यह ध्यान रखना चाहिए कि 'संक्षिप्त-लेखन' एक निश्चित एवं नियमित प्रणाली है, अतः उसका अर्थ, सारांश, आशय, निष्कर्ष आदि से भिन्न ही समझना चाहिए। इसी भ्रम-निवारण के निमित्त आगे के पृष्ठों में इनका पारस्परिक सूक्ष्म अन्तर स्पष्ट किया जा रहा है।

संक्षिप्त-लेखन तथा संक्षेप में लिखना

साधारणतः संक्षिप्त-लेखन तथा किसी बात को संक्षेप में लिखना एक ही समझा जाता है। पर यहाँ यह ध्यान रखना चाहिए कि जहाँ संक्षेप के अन्तर्गत सारी बातों को थोड़े शब्दों में लिखा जाता है एवं इस बात का ध्यान नहीं रखा जाता कि इसमें कौन-सा अंश उपयोगी अथवा अनुपयोगी है, वहाँ संक्षिप्त-लेखन प्रणाली में उपयोगी तथा अनुपयोगी अंशों के अन्तर पर ही सब कुछ निर्भर है।

अतः संक्षेप एवं संक्षिप्त-लेखन में भ्रम नहीं होना चाहिए क्योंकि संक्षिप्त-लेखन में न केवल वक्तव्य का संक्षेप करना होता है वरन् केवल उपयोगी अंशों को रखकर सभी अनुपयोगी अंशों को ही निकाल देना आवश्यक होता है।

संक्षिप्त-लेखन तथा सार अथवा सारांश

साधारणतः इनमें किसी प्रकार का भेद नहीं समझा जाता। इसका कारण यह है कि किसी अपठित भाग का सारांश लिखने के समय भी प्रमुख बातों को थोड़े शब्दों में लिख दिया जाता है। पर इस भेद को स्पष्टतः जान लेना है। सार अथवा सारांश में अति प्रमुख बातों को अति

संक्षेप में लिखा जाता है परन्तु 'संक्षिप्त-लेखन' में अत्यधिक संक्षेप की प्रवृत्ति नहीं होनी चाहिए अन्यथा उस संक्षेप को समझना श्रमसाध्य होगा और उसकी व्याख्या के लिए सभी पत्रों आदि को पुनः सामने रखना पड़ेगा।

उदाहरणार्थः—

"आज के बालक कल के नागरिक हैं, जो आज नटखट-चंचल बालक हैं, उन्हें ही कभी अपने देश की दशा पर गम्भीरता से विचार करना पड़ेगा। वे ही भविष्य में देश के कर्णधार होंगे। आज के नेता और पथ-प्रदर्शक सदा अमर नहीं बने रहेंगे, ये धीरे-धीरे नई पीढ़ी को स्थान देते हुए बिदा हो जायेंगे। जब हम यह जानते हैं कि इन्हीं बालकों को इस देश का भार संभालना है तो हमारा यह पावन कर्त्तव्य हो जाता है कि हम सभी बालकों को उचित शिक्षा देकर आदर्श नागरिक बनाएं। उनके चरित्र को दृढ़ एवं विचारों को उन्नतिशील बनावें। योग्य बालक ही आदर्श नागरिक बनकर देश को उठा सकते हैं और देश के आदर्शों एवं परम्पराओं की सुरक्षा में सफल हो सकते हैं।"

उपर्युक्त गद्यांश का सारांश इस प्रकार अत्यधिक संक्षेप में दिया जा सकता है:

"आज के बालक कल के नागरिक बनेंगे, अतः देश-रक्षा, आदर्शों तथा परम्पराओं के स्थायित्व के लिए हमारा कर्त्तव्य है कि उन्हें उचित शिक्षा दें ताकि वे आदर्श नागरिक बन सकें।"

लेकिन यह सारांश वक्ता के वक्तव्य की स्पष्ट झाँकी हमारे सामने नहीं रखता है, अतः इस प्रकार का सारांश संक्षिप्त-लेखन की समानता में अधिक उपादेय नहीं माना जा सकता।

इसी उपर्युक्त गद्यांश का 'संक्षिप्त-लेखन' पढ़ने से इसकी उपयोगिता का अनुमान लगाया जा सकता है—

संक्षिप्त-लेखनः—

"आज के नटखट बालक कल के नागरिक बनेंगे। जिस समय आज के नेता और पथ-प्रदर्शक न होंगे ये ही देश की समस्या पर विचार करेंगे। इन पर ही देश का भविष्य निर्भर करेगा। अतः इन बालकों को योग्य तथा सुचरित्र बनाना प्रत्येक व्यक्ति का कर्त्तव्य है।"

संक्षिप्त-लेखन तथा आशय

इन दोनों शब्दों से दो विधियों का बोध होता है। पर परीक्षार्थी उनका अन्तर न जानने के कारण कभी-कभी भारी भूल कर बैठते हैं। यहाँ स्पष्ट रूप में यह समझ लेना है कि 'आशय' तथा संक्षिप्त-लेखन दो पूर्णतः भिन्न बातें हैं। आशय से दो कार्य हुआ करते हैं:—

१—सम्पूर्ण कथन का मन्तव्य स्पष्ट करना।

२—कथन में आये गूढ़ पदों अथवा वाक्यों का स्पष्टीकरण करना।

उदाहरणार्थः—

"जिस समाज में भाई-भाई तथा व्यक्ति-व्यक्ति में सौहार्द न हो, जहाँ दूसरों को लांछित

करने में गौरव समझा जाय, जहाँ गुण तथा चरित्र को गौण और धन को सर्वोच्च मान लिया जाय, उस समाज का कल्याण किस प्रकार हो सकता है? आज जब एक गरीब अपनी सती-साध्वी पत्नी और निरीह बालकों के साथ भूखा सोता है तो दूसरी ओर अत्याचारी, धनी, दुश्चरित्र कुलटाओं तथा पथभ्रष्ट दम्भी लड़कों के साथ आनन्द का महामहोत्सव मनाते हैं। इस विषमता और भेद का अन्धकार समाप्त करके ही एक आदर्श समाज की कल्पना की जा सकती है। हमें इसके लिये प्रयास करना ही पड़ेगा।''

उपर्युक्त गद्यांश का आशय किसी भी रूप में समझा जा सकता है पर यह ध्यान रखना पड़ेगा कि आशय के अन्तर्गत यह अवश्य स्पष्ट हो जाय कि इस कथन के मूल में कौन सी विचारधारा कार्य कर रही है। उदाहरण के लिए यों भी कहा जा सकता है:—

'यहाँ लेखक का आशय यह है कि आज का समाज विषमता तथा भेदभावपूर्ण है, जिस समाज में नैतिकता को महत्व नहीं दिया जाता, वह समाज कदापि सुखी नहीं हो सकता। हमें सामाजिक सुख की प्राप्ति के लिए इन अव्यवस्थाओं को दूर करने के लिए प्रयत्नशील होना चाहिये।''

आशय से भिन्न उपर्युक्त गद्यांश का संक्षिप्त-लेखन कुछ इस प्रकार होगा—

''उस समाज का कल्याण कभी नहीं हो सकता जो समता और भ्रातृत्व-भाव पर नहीं, वरन् विषमता पर आधारित हो। आज का समाज कुछ ऐसा ही है जहाँ निर्धन व्यक्ति पेट की ज्वाला में जलते परिवार के साथ भूखा सो जाता है पर अन्याय की कमाई से धनाढ्य बने लोग लम्पटता और विलास का जीवन बिताते हैं। इस सामाजिक विषमता को समाप्त करना समता-मूलक आदर्श समाज की स्थापना के लिए अनिवार्य है।''

संक्षिप्त-लेखन तथा निष्कर्ष

जिस प्रकार का भेद हमने आशय और संक्षिप्त-लेखन में देखा है उसी प्रकार का अन्तर निष्कर्ष तथा संक्षिप्त-लेखन में है।

निष्कर्ष में किसी कथन का निचोड़ सामने रखा जाता है। यह 'आशय' से भी संक्षिप्त हुआ करता है। ५० पृष्ठों का निष्कर्ष दो-तीन वाक्यों में दिया जा सकता है। परन्तु संक्षिप्त-लेखन में केवल निष्कर्ष देना अभीष्ट नहीं होता अपितु वक्तव्य समय की बचत के निमित्त संक्षिप्त किया जाता है।

उदाहरणार्थः—

''आप विद्यार्थी हैं। आप यहाँ स्कूल और कालेज में शिक्षा प्राप्त करने आये हैं। आप अभी अबोध तथा अल्पज्ञ हैं। संसार-सागर में सफल यात्रा के लिए आपको बहुत कुछ सीखना है। शिक्षा प्राप्त करना ही आपका मुख्य कार्य है। संघ बनाना, हड़ताल करना, शिक्षण संस्थाओं, अध्यापकों तथा नेताओं पर दोषारोपण करना आपके लिए शोभनीय नहीं है। आपका चिल्लाना, नारे लगाना, आपकी शक्ति तथा चरित्र का परिचय नहीं देता, अपितु इनसे आपकी अनुशासनहीनता ही व्यक्त होती है। आप उचित मार्ग छोड़कर भ्रामक दिशा में जा रहे हैं। आप जिस ओर जा रहे हैं उससे आपका ही नहीं, आपके देश और समाज का भी नाश निश्चित है।''

इस गद्यांश का निष्कर्ष यों लिखा जा सकता है:—

"छात्र का मुख्य काम विद्या तथा ज्ञान का उपार्जन है, इनसे विमुख होना कभी भी ठीक नहीं है।"

उपर्युक्त गद्यांश का संक्षिप्त-लेखन कुछ इस प्रकार होगा—

"अभी आप विद्यार्थी हैं—बिल्कुल अबोध और अल्पज्ञ। आप को चाहिए कि विद्यालयों में आये दिन होने वाले सभी उत्पातों और आन्दोलनों से बचकर रहें और अपना सारा समय विद्योपार्जन में लगायें। अनुशासन-पालन और चरित्र-निर्माण सफलता की दो कुंजियां हैं। इनसे विरत होकर आप केवल अपने विनाश का मार्ग प्रशस्त करेंगे।"

नोट :- यह भी जान लेना चाहिए कि 'संक्षिप्त-लेखन' न तो लेख है और न निबन्ध। इसे कार्यालय की टिप्पणी भी न समझना चाहिए क्योंकि कार्यालय की टिप्पणी का उद्देश्य किसी विषय में सम्मति देना तथा उस विषय से सम्बन्धित नियमों, आदेशों, सीमाओं आदि का उल्लेख करना है।

संक्षिप्त-लेखन का आदर्श रूप

संक्षिप्त-लेखन के लिए यह नितांत आवश्यक है कि इनमें जो भी मुख्य बातें हों वे कम से कम शब्दों में व्यक्त की जायें। किसी भी पत्र-व्यवहार अथवा वक्तव्य की सभी मुख्य बातें इसमें रहें, पर अनावश्यक अंश को चतुरता के साथ इस प्रकार अलग कर दिया जाय कि संक्षिप्त लेख अपने आप में पूर्ण बना रहे, यह न ज्ञात हो कि कुछ अंश काट कर निकाल दिया है। इस त्रुटि को दूर करने के लिए यह आवश्यक है कि संक्षिप्त-लेखन प्रवाह-पूर्ण हो। सभी वाक्य परस्पर सम्बद्ध एवं संश्लिष्ट हों।

किसी भी परिच्छेद अथवा वाक्य का 'संक्षिप्त-लेखन' बनाने के पहले उस परिच्छेद अथवा वाक्य को पूरी तरह समझ लेना चाहिए। साथ ही यह भी ज्ञान रहे कि मुख्य बात क्या है और उससे सम्बन्धित कौन-कौन सी मुख्य बातें हैं। जब इनका ज्ञान अच्छी तरह हो जायेगा तो यह स्वयंमेव ज्ञात होने लगेगा कि कौन और कितना अंश अनुपयोगी है।

संक्षिप्त-लेखन भी एक प्रकार की कला है—यह बौद्धिक कला है, क्योंकि इसमें बुद्धि का ही मुख्यतः उपयोग होता है। बुद्धि के साथ ही भाषा तथा शब्दों का समुचित ज्ञान होना चाहिए। शब्दों की पहचान का आशय है कि यह जाना जाय कि कौन सा ऐसा शब्द है जो कि अधिक से अधिक अर्थ की अभिव्यक्ति कर सकता है।

अनुशासनहीनता, अनैतिकता, अनाचार, प्रजातांत्रिक, अप्रजातांत्रिक, पथभ्रष्ट, निरुद्देश्य—आदि ऐसे शब्द हैं जो इसमें सहायक हो सकते हैं।

उदाहरणार्थः—

"जब तक हमारे सामने कोई वस्तु न होगी, हमारा कोई कार्यक्रम न होगा, हम कोई भी काम नहीं कर सकते।"

"निरुद्देश्य कार्यों से हम सफल नहीं हो सकते।"

इसी प्रकार कितने ही ऐसे शब्द मिल सकते हैं जो अभीष्ट कथन को प्रभावशाली ढंग से

व्यक्त करने में समर्थ होंगे। जैसे—

"उनके पास नौकरी के लिए जाना, मैं अपनी इज़्ज़त के खिलाफ समझता हूँ—मेरी इज़्ज़त खत्म हो जायगी।"

"नौकरी के लिये उनके पास जाना मैं आत्मसम्मान के विरुद्ध समझता हूँ।" इस वाक्य में कथन भी संक्षिप्त हो गया है, इसके साथ ही मुख्य बात पर बल आ गया है।

शब्दों में कई प्रकार की शक्तियाँ होती हैं। साथ ही वाक्य-विन्यास का विशेष ढंग होता है। इनसे अनभिज्ञ रहकर न तो कुछ कहा जा सकता है और न ही लिखा जा सकता है। शब्द-प्रयोग का एक और उदाहरण—

"गोवा में पुर्तगाल-अधिकारी सत्याग्रहियों को डंडों से मारते हैं, उन्हें फेंक देते हैं। सिपाही उन्हें बुरी तरह से पीटते हैं। इन सारी बातों को सुनकर भारत के रहने वाले क्रुद्ध व अशांत हो उठते हैं और ऐसा होना स्वाभाविक कहा जायगा।"

"गोवा के सत्याग्रहियों पर पुर्तगाल अधिकारियों द्वारा होने वाले अमानुषिक व्यवहार से भारतीयों का क्षुब्ध होना स्वाभाविक है।"

साधारणतः संक्षिप्त-लेखन मूल का एक तिहाई हुआ करता है। पर अपेक्षानुसार इस आकार को घटाया और बढ़ाया भी जा सकता है।

संक्षिप्त-लेखन लिखते समय पूरे भाग को कई बार पढ़ना चाहिए। एक वाक्य को पढ़कर ही संक्षिप्त-लेखन नहीं बनाया जा सकता।

संक्षिप्त-लेखन बनाने के बाद एक शीर्षक भी सोच कर लिख देना चाहिये। शीर्षक ऐसा हो जो पूरी बात को सामने ला दे। जैसे—

जमींदारी उन्मूलन, शिक्षा की बहुमुखी प्रगति, भूमि सुधार, उत्तर प्रदेश की आर्थिक समस्या, गृहनिर्माण-योजना आदि।

कहने का तात्पर्य यह है कि शीर्षक उपयुक्त हो। इसके अतिरिक्त संक्षिप्त-लेखन वही ठीक समझा जाता है जो अन्य पुरुष (3rd person) में लिखा गया हो। उत्तम पुरुष (Ist person) तथा मध्यम पुरुष (2nd person) को अन्य पुरुष में परिवर्तित कर देना चाहिए। इसी प्रकार क्रियाओं के रूप में भी यथोचित परिवर्तन कर लेना चाहिए।

संक्षिप्त-लेखन के लिए आवश्यक निर्देश

१—संक्षिप्त-लेखन प्रवाहपूर्ण तथा क्रमबद्ध हो। सम्बन्धित सभी विषयों को एक साथ संकलित किया जाय। लेख को अलग-अलग भागों में विभक्त नहीं करना चाहिए—ऐसा करना भारी दोष है।

२—लेख संक्षिप्त हो। पर यह ध्यान रखना चाहिए कि स्पष्ट हो तथा बोधगम्यता (Clearness) लुप्त न होने पाये।

३—अपनी ओर से न तो कुछ जोड़ना चाहिए और न किसी प्रकार की टीका-टिप्पणी करना उचित है।

४—लेख संक्षिप्त होते हुए भी पूर्णता (Completeness) लिये हुए हो।

५—संक्षिप्त-लेखन अन्य पुरुष (3rd person) में होना चाहिए। साथ ही क्रियाओं का रूप भी जहाँ उचित हो बदलना चाहिए।

६—वार्त्तालाप तथा संवाद को साधारण रूप में बदल कर लिख देना चाहिए। जहाँ-कहीं वार्त्तालाप तथा संवाद का विशेष महत्व हो, वहाँ उसे मूल रूप में लिखा जा सकता है।

७—पत्र तथा भाषण को भूतकालिक क्रियाओं में लिखना चाहिए।

८—सम्बन्ध तथा प्रवाह विच्छिन्न न हो। वाक्य परस्पर सम्बन्धित रहें। तथापि, इस पर, अतः, उत्तर में, आदि शब्द प्रयुक्त हो सकते हैं।

इसके साथ ही यदि अन्य पुरुष में लिखने से कहीं कोई अस्पष्टता आ रही हो तो कोष्ठक में संकेत कर देना चाहिए। जैसे—

पोर्ट लुई में एक वक्तव्य देते हुए प्रधानमंत्री श्री अटल बिहारी बाजपेयी ने कहा—

पोर्ट लुई, 5 सितम्बर (एजेंसियां)। प्रधानमंत्री अटल बिहारी बाजपेयी ने कहा है कि पोखरण परमाणु विस्फोट ने यह संदेश दिया है कि परमाणु भेदभाव की नीति जारी नहीं रह सकती और घोषणा की कि भारत परमाणु हथियार नष्ट करने के लिए बुलाये गये किसी भी सम्मेलन में शामिल होने के लिये तैयार है। उन्होंने कहा कि भारत अपने परमाणु हथियारों को पहले नष्ट करने के लिए तैयार है बशर्ते कि परमाणु-शक्ति-संपन्न पांच देश भी इसके लिये तैयार हों।

श्री बाजपेयी कल रात यहां महात्मा गांधी इंस्टीट्यूट में मारीशस सरकार द्वारा आयोजित स्वागत-समारोह को संबोधित कर रहे थे। उन्होंने इन पांच देशों को 'पंच महाभूत' की संज्ञा देते हुए कहा कि इन देशों ने परमाणु हथियारों पर एकाधिकार कर रखा है, जो हमें स्वीकार नहीं है। रंगभेद की तरह परमाणु-भेद को भी स्वीकार नहीं किया जा सकता। समारोह में मारीशस के प्रधानमंत्री नवीन चंद्र राम गुलाम तथा राष्ट्रीय असेम्बली के अध्यक्ष और सदस्य भी उपस्थित थे। श्री बाजपेयी ने ऐसे विश्व के निर्माण के लिए मिल-जुल कर काम करने की जरूरत बताई, जिसमें परमाणु हथियारों की कोई जगह न हो।

श्री बाजपेयी ने कहा कि 1979 में पहले परमाणु-परीक्षण के बाद 24 साल से भारत लगातार परमाणु निरस्त्रीकरण की दिशा में प्रयासरत रहा है और इस पर होने वाले खर्च को गरीबी, बेकारी और अशिक्षा पर लगाने की वकालत करता रहा है। इसलिये हमें पोखरण में धमाका करना पड़ा ताकि जो सुन नहीं रहे हैं, सुन लें। श्री बाजपेयी ने कहा कि हमारे परमाणु विस्फोट का निशाना कोई देश नहीं था। सच्चाई तो यह है कि पचास सालों में हम निशाना बनते रहे हैं। हमने तीन आक्रमण सहे हैं। हमारी धरती दूसरों के कब्जे में है। हम इसे वापस लाना चाहते हैं।

संक्षिप्त-लेखन—

श्री बाजपेयी का वक्तव्य

भारत द्वारा दूसरे पोखरण परमाणु विस्फोट की चर्चा करते हुए श्री बाजपेयी ने परमाणु-सम्पन्न देशों को 'महाभूत' की संज्ञा देते हुए चेतावनी दी कि अब इस मामले में भेद-भाव

की नीति नहीं चल सकती। उन्होंने परमाणु-हीन विश्व के लिए मिल-जुल कर काम करने का आह्वान किया। भारत का परमाणु विस्फोट किसी देश के विरुद्ध नहीं है। वह बहरों को यह संदेश देने के लिये है कि भारत अब किसी का मुहताज नहीं।

संक्षिप्त-लेखन की अपेक्षित योग्यता

1—लेखक में भाषा-सम्बन्धी योग्यता होनी चाहिए। साथ ही उसका शब्द-भंडार भी यथेष्ट सम्पन्न हो।

2—उसमें उपयोगी एवं अनुपयोगी अंशों को पृथक्-पृथक् करने की क्षमता हो।

3—स्थिर बुद्धि एवं तत्परता हो।

4—कई बातों को सम्बद्ध एवं संश्लिष्ट कर लिखने की योग्यता हो।

5—अच्छी अभ्यास-सम्पन्नता हो अर्थात् संक्षिप्त-लेखन के लिखने का पर्याप्त अभ्यास हो।

इस सम्बन्ध में विशेष रूप से यह कहा जा सकता है कि लेखक में आत्मविश्वास एवं आत्मनिर्भरता होनी चाहिए। संक्षिप्त-लेखन लिखते समय हताश होना कदापि ठीक नहीं है। सावधानी के साथ कई बार पढ़ने पर लेख स्पष्ट हो जायगा। आधा लिख कर दूसरों से पूछना या राय लेना हानिप्रद है। संक्षिप्त-लेखन एक कला है। यह गणित के समान निश्चित नहीं कही जा सकती। अतः जिस प्रकार एक लिख रहा है, दूसरा भी उसी प्रकार लिख रहा हो, यह आवश्यक नहीं है।

अब यह देखना है कि संक्षिप्त-लेखन को किस प्रकार लिखा जाता है। यदि निम्नलिखित निर्देशों अथवा सावधानियों के अनुसार लिखा जाय तो निश्चय ही कार्य सराहनीय एवं प्रशंसनीय हो सकता है—

संक्षिप्त-लेखन की उचित विधि

(क) जिस भाग का संक्षिप्त-लेखन लिखना हो उसे सावधानी के साथ पढ़ा जाय; कुछ शब्द भले ही समझ में न आयें, पर विषय को समझने की चेष्टा की जाय।

(ख) दूसरी बार पढ़ते समय उपयोगी एवं अनुपयोगी अंशों के लिये पृथक्-पृथक् संकेत बना लिये जायँ।

(ग) तीसरी बार पढ़ते समय यह देख लेना चाहिए कि कहीं कोई आवश्यक अंश छूट तो नहीं गया है और कोई अनावश्यक अंश आ तो नहीं गया है।

(घ) मूल शब्दों को ही लिखना अच्छा नहीं समझा जाता। संक्षिप्त-लेखन में अपने शब्दों का यथेष्ट प्रयोग कर सकते हैं।

(ङ) यदि एक ही बात कई टुकड़ों में अलग-अलग बिखरी हो तो उसे एक साथ संयोजित कर लेना चाहिए।

(च) पुनरावृत्ति कदापि न की जाय।

(छ) न तो मूल रूप में कुछ संशोधन किया जाय और न ही अपनी ओर से कुछ बढ़ाया जाय।

(ज) जहाँ अधिकारियों के नाम और पद दोनों का उल्लेख हो, वहाँ नाम को छोड़ देना चाहिए। केवल पद का ही उल्लेख करना चाहिए।

(झ) व्याकरण-सम्बन्धी त्रुटियाँ न होनी चाहिए।

(ञ) संक्षिप्त-लेखन लिखने के बाद उसे मूल से मिला लेना चाहिए।

(ट) लिखने के बाद एक उपयुक्त शीर्षक देना चाहिए जो एक चित्र-सा उपस्थित कर दे।

(ठ) संक्षिप्त-लेखन उसी प्रकार का होना चाहिए जैसा निर्देशित हो। यदि कुछ न बताया गया हो तो मूल का तिहाई होना चाहिए।

(ड) संक्षिप्त-लेखन की भाषा सरल तथा परिष्कृत होनी चाहिए।

संक्षिप्त-लेखन के भेद

संक्षिप्त-लेखन मुख्यतः दो प्रकार का होता है:—

1—पत्र-व्यवहार (Correspondence) का संक्षिप्त-लेखन।

2—स्वतन्त्र-सम्बद्ध विषय (Continuous matter) का संक्षिप्त-लेखन।

इनके साथ ही पत्र-व्यवहार सम्बन्धी संक्षिप्त-लेखन दो प्रकार का होता है:—

1—प्रवाह-संक्षेप (Running Precis)।

2—तालिका-संक्षेप (Tabular Precis)।

पत्र-व्यवहार सम्बन्धी संक्षिप्त-लेखन

प्रतियोगी परीक्षाओं में जिस प्रकार के पत्र-व्यवहार संक्षिप्त-लेखन के लिए दिये जाते हैं, वे तीन प्रकार के होते हैं:—

1—भारत सरकार अथवा राज्य सरकार किसी पदाधिकारी से किसी विषय में सम्मति जानना चाहती है। पदाधिकारी उत्तर में अपनी सम्मति देता है। फिर भारत सरकार अथवा राज्य सरकार उसी विषय से सम्बद्ध किसी अंश अथवा विषय पर सम्मति लिख कर भेजती है। इस प्रकार पत्र-व्यवहार चलता रहता है।

2—राज्य सरकार संघ सरकार को किसी विषय में निश्चित आदेश के लिए लिखती है अथवा कोई पदाधिकारी किसी विषय में सरकार को निश्चित आदेश के लिये लिखता है।

3—सरकार किसी निश्चित योजना अथवा कार्यक्रम के सम्बन्ध में विभिन्न अधिकारियों के पास उनकी नीति या सम्मति जानने के लिये पत्र लिखती है।

प्रथम प्रकार का पत्र-व्यवहार—इन पत्रों का संक्षित-लेखन बनाते समय सर्वप्रथम यह लिखना चाहिये कि सरकार ने क्या पूछा था, अर्थात् किस विषय पर सम्मति जानने के लिए पत्र भेजा था। बाद में उस पत्र का क्या उत्तर आया। सरकार ने बाद में जो पत्र भेजा उसमें क्या तर्क उपस्थित किया था। इस प्रकार क्रमशः एक-एक बात को लेकर एवं समझकर लिखना चाहिये। यह ध्यान रखना चाहिये कि जिस क्रम से पत्रों का आगमन हुआ हो उसी क्रम को संक्षित-लेखन में भी रखा जाय।

दूसरे प्रकार का पत्र-व्यवहार—इस प्रकार के पत्र-व्यवहार का संक्षिप्त-लेखन लिखते समय

संलग्न-पत्रों का भी संक्षिप्त-लेखन सावधानी के साथ बनाना चाहिये। संक्षिप्त-लेखन में यह बात स्पष्ट होनी चाहिये कि पदाधिकारी अथवा सरकार का मन्तव्य क्या है।

तीसरे प्रकार का पत्र-व्यवहार—जब इस ढंग का पत्र-व्यवहार सामने हो, उस समय यह देखना चाहिए कि पत्र में किस सम्बन्ध में सम्मति पूंछी गई है। उत्तर में पत्र या तो उस विषय के पक्ष में अथवा विपक्ष में होंगे।

संक्षिप्त-लेखन लिखते समय विषय का उल्लेख करके पहले 'पक्ष वाले' पत्रों का, बाद में विपक्ष तथा अन्त में तटस्थ या अस्पष्ट पत्रों का उल्लेख करना चाहिए। यहाँ पर ध्यान रखना चाहिए कि तीनों प्रकार के पत्रों में विषय के समर्थन अथवा विरोध आदि पर जो असम्बद्ध बातें लिखी गई हों उन्हें छोड़ देना उचित होगा।

उदाहरणार्थः—

"उत्तर प्रदेश सरकार के पंचायत-विभाग ने पंचायत सङ्ग ठन की यो जना पर विभिन्न जिल पंचायत अधिकारियों की सम्मति माँगी थी।"

पंचायत-संगठन-योजना के पक्ष में...योजना को असामयिक बताते हुए विपक्ष में कहा गया.....

पक्ष, विपक्ष तथा तटस्थ मतों के लिये एक ही परिच्छेद न लिखकर पृथक्-पृथक् परिच्छेद की रचना की जानी चाहिए।

प्रवाह-संक्षेप तथा तालिका-संक्षेप

इन दोनों को अंग्रेजी में क्रमशः 'Running Precis' तथा 'Tabular Precis' कहते हैं। तालिका-संक्षेप को 'Index Method' भी कहते हैं।

प्रवाह-संक्षेप के अनुसार तो समस्त पत्र-व्यवहार को पूर्वापर क्रम से रख दिया जाता है, परन्तु सुविधा के लिए तालिका-संक्षेप बना लेना भी ठीक रहता है। इस प्रकार के संक्षिप्त-लेखन में किसी भी पत्र के लिये पाँच स्तम्भ बनाये जा सकते हैं। पहले खाने में क्रम-संख्या, दूसरे में पत्र-संख्या, तीसरे में तिथि, चौथे में पत्र किससे और किसके पास आया तथा पाँचवें में विषय लिखना चाहिए।

उदाहरणार्थः—

1	2	3	4	5
क्रम-संख्या	पत्र-संख्या	तिथि	प्रेषक तथा प्रेषिती	विषय

एक पत्र-व्यवहार का उदाहरण निम्नांकित है:—

पत्र-संख्या नं०/314/शि०/12

प्रेषक—

प्रधानाध्यापक,
नेशनल इंटर कालेज,
सीतापुर।

सेवा में—

शिक्षा निदेशक,
उत्तर प्रदेश, इलाहाबाद।

दिनांक 10 जुलाई, 1998

महोदय,

आपके पत्र-संख्या 312 एस०ए० दिनांक 30 अप्रैल 1998 में दो पालियों (शिफ्ट्स) में चलने वाले विद्यालय के सम्बन्ध में जो हानियाँ बताई गई हैं वे सत्य ही हैं। पर मेरा ऐसा विश्वास है कि यदि ध्यानपूर्वक इन त्रुटियों को दूर कर दिया जाय तो अधिकाधिक छात्रों को लाभान्वित किया जा सकता है।

सीतापुर में छोटे-छोटे विद्यालय हैं। मेरा विद्यालय यहाँ अत्यधिक जनप्रिय है। स्थान की कमी के कारण हमें अपने विद्यालय को दो पालियों में चलाना पड़ता है।

इस वर्ष यदि एक ही पाली में विद्यालय चलाया गया तो कितने ही छात्रों को निराश होकर अन्यत्र भटकना पड़ेगा।

आशा है आप विद्यालय को दो पालियों में चलने की अनुमति प्रदान कर अनुगृहीत करेंगे।

भवदीय,
रामस्वरूप श्रीवास्तव
प्रधानाध्यापक

पत्र-संख्या 516/आई०

प्रेषक—

शिक्षा निदेशक,
उत्तर प्रदेश, इलाहाबाद।

सेवा में—

प्रधानाध्यापक,
नेशनल इंटर कालेज,
सीतापुर।

लखनऊ दिनांक 26 जुलाई, 1998

महोदय,

आपके पत्र-संख्या 314/शि०/12 दिनांक 10 जुलाई, 1998 के उत्तर में यह सूचित करना है कि उत्तर प्रदेश सरकार इस प्रकार की अनियमित शिक्षा के पूर्णतः विरुद्ध है। दो पालियों की प्रथा अल्पकालीन थी, उसे पुनः लागू करना ठीक नहीं है। जहाँ तक छात्रों की शिक्षा का प्रश्न है, वे अन्य विद्यालयों में प्रवेश पा सकते हैं।

मुझे खेद है कि आपको अनुमति प्रदान करने में मैं असमर्थ हूँ।

भवदीय,
एच० एन० मेहरोत्रा
शिक्षा-निदेशक।

प्रतिलिपि जिला विद्यालय निरीक्षक, सीतापुर को सूचनार्थ प्रेषित।

ऊपर जो पत्र-व्यवहार दिया हुआ है उसका 'संक्षिप्त लेखन' इस प्रकार होगा:—

प्रवाह-संक्षेप

प्रधानाध्यापक, नेशनल इंटर कालेज, सीतापुर ने अपने पत्र द्वारा शिक्षा निदेशक, उत्तर प्रदेश के पत्र-संख्या 312 एस० ए० दिनांक 30 अप्रैल, 1998 की आज्ञा के विरुद्ध, छात्रों के आधिक्य का उल्लेख करते हुए दो पालियों में विद्यालय चलाने की अनुमति माँगी। शिक्षा-निदेशक, उत्तर प्रदेश ने सूचित किया कि उत्तर प्रदेश सरकार दो पालियों की शिक्षा के विरुद्ध है, अतः अनुमति नहीं दी जा सकती है।

एक दूसरा पत्र-व्यवहार निम्नांकित है:—

पत्र-संख्या 1103/5/2

प्रेषक—

जिलाधिकारी,
इलाहाबाद।

सेवा में—

सचिव,
पंचायत-राज विभाग,
उत्तर प्रदेश सरकार,
लखनऊ।

दिनांक 15 मई, 1998

महोदय,

मुझे निवेदन करना है कि इस जिले में पंचायत विभाग के अस्थायी नियुक्ति वाले कर्मचारियों के अवकाश आदि के सम्बन्ध में निश्चित नियम की सूचना नहीं मिली है। स्थायी नियुक्ति वाले कर्मचारियों के समान ही इन्हें भी अवकाश आदि की सुविधा देना अनुचित न होगा।

प्रार्थना है कि इस सम्बन्ध में निश्चित नियमों से यथाशीघ्र अवगत कराया जाय।

भवदीय,
आलोक टंडन
जिलाधिकारी, इलाहाबाद।

पत्र-संख्या 442/एल०/3

प्रेषक—

श्री सतीश चन्द्र, आई० ए० एस०,
सचिव,
पंचायत-राज विभाग,
उत्तर प्रदेश शासन,
सचिवालय, लखनऊ।

सेवा में—

जिलाधिकारी,

इलाहाबाद।

लखनऊ, दिनांक 30 मई, 1998

महोदय,

मुझे आपका ध्यान उस अस्थायी नियुक्ति सम्बन्धी विज्ञप्ति की ओर आकर्षित करने का निदेश हुआ है जो गत मार्च में सभी जिलाधिकारियों के पास भेजी गई थी और जिसमें स्पष्ट रूप से यह बता दिया गया था कि अस्थायी नियुक्तियाँ निश्चित समय के लिए हैं और अस्थायी कर्मचारियों को वे सभी सुविधाएँ दी जायें जो अन्य स्थायी कर्मचारियों को दी जाती हैं।

भवदीय,

मोहन प्रसाद चौबे

(सचिव की ओर से)

पंचायत-राज विज्ञप्ति की प्रति संलग्न है।

इस पत्र-व्यवहार का तालिका-संक्षेप इस प्रकार बनाया जायेगा।

तालिका-संक्षेप (Tabular Precis)

क्रम संख्या	पत्र-संख्या	तिथि	प्रेषक तथा प्रेषिती	विषय
1.	1103/5/2	15 मई, 1998	जिलाधिकारी, इलाहाबाद से पंचायत-राज विभाग, उत्तर प्रदेश सरकार, लखनऊ को।	पंचायत विभाग की अस्थायी नियुक्ति के कर्मचारियों के अवकाश आदि के संबंध में निश्चित सूचना माँगी गई।

2.	442/एल/2	30 मई 1998	सचिव, पंचायत-राज विभाग, उत्तर प्रदेश सरकार, लखनऊ से जिलाधिकारी, इलाहाबाद को।	गत मार्च में जिलाधिकारियों के पास प्रेषित अस्थायी नियुक्ति सम्बन्धी विज्ञप्ति का उल्लेख करते हुए स्थायी कर्मचारियों के समान अस्थायी कर्म-चारियों को भी अवकाश आदि की सुविधा देने का आदेश दिया।

ऊपर पत्र-व्यवहार सम्बन्धी दो संक्षिप्त-लेखन दिये गये हैं, उनमें प्रथम 'प्रवाह-संक्षेप' तथा द्वितीय 'तालिका-संक्षेप' प्रकार का है।'

संक्षिप्त-लेखन के सम्बन्ध में अन्य बातें निम्न प्रकार हैं:—

१. पत्र-व्यवहार सम्बन्धी संक्षिप्त-लेखन साधारणतः प्रवाह-संक्षेप में ही बनाना चाहिए।

२. तालिका-संक्षेप उन विषयों में लाभप्रद है जहाँ किसी मुख्य विषय अथवा किसी विधेयक (बिल) के सम्बन्ध में सम्मतियाँ माँगी गई हों।

३. प्रायः परीक्षाओं में तालिका-संक्षेप तथा प्रवाह-संक्षेप दोनों पूछे जाते हैं, अतः दोनों का अभ्यास रखना चाहिए।

सूक्ष्मता लाने की विधियाँ

विस्तृत विवरण का संक्षिप्त-लेखन लिखते समय विस्तार में संकोच करना ही पड़ता है। इस सम्बन्ध में निम्नलिखित विधियों पर ध्यान देना नितान्त आवश्यक है—

(१) अनावश्यक अंश—जब किसी पत्र में कोई ऐसी बात लिखी हो जिसका विषय से स्पष्ट सम्बन्ध न हो तो उस अंश को निकाल देना चाहिए।

उदाहरणार्थः—

"प्रजा के हित और कल्याण में तत्पर प्रजातांत्रिक सरकार से प्रार्थना है कि वह अमानुषिक व्यवहार की जाँच किसी उच्च न्यायालय के न्यायामूर्ति द्वारा कराने का प्रबन्ध करे।"

उपर्युक्त गद्यांश में कितनी ही बातें अनावश्यक हैं। यदि इस गद्यांश को संक्षिप्त किया जाय तो मुख्य बातों को ही लेना पड़ेगा।

"सरकार से उच्च न्यायालय के न्यायामूर्ति द्वारा अमानुषिक व्यवहार की जाँच का निवेदन।"

(२) पुनरावृत्ति—एक ही बात को जब भिन्न-भिन्न शब्दों में उलट-फेर करके कहा गया हो तो पुनरावृत्ति को निकालकर कथन को संक्षिप्त कर लेना चाहिए।

"कर्मचारियों का व्यवहार बड़ा ही लज्ञास्पद है। वे कभी भी किसी बात का ठीक उत्तर न

देकर डाँट बैठते हैं। उन्हें किसी के कष्ट और आवश्यकता की चिन्ता नहीं है। यह सचमुच घृणित है।''

इस गद्यांश के लिए यदि केवल एक ही वाक्य लिख दिया जाय तो वह पर्याप्त होगा—

''कर्मचारियों का दुर्व्यवहार घृणास्पद है।''

(३) **अवांछनीय विस्तार**—कभी-कभी एक शब्द के स्थान पर कई शब्दों को रख दिया जाता है जब कि अन्य शब्दों की विशेष उपयोगिता नहीं रहती।

''शीतल वायु की ठंडी-ठंडी शीतलता हमें जगा देती है।''

यहाँ पर यों लिखना अनुचित न होगा—

''शीतल वायु हमें जगा देती है।''

इस प्रकार जहाँ-कहीं भी विस्तार में सरलता और सफलता के साथ संकोचन किया जा सके, उसे करना चाहिए।

सतत अभ्यास से 'संक्षिप्त-लेखन में स्वयमेव निपुणता आ जाती है।

प्रशासनिक लेखन

के लिये

'हिन्दी आलेखन'

पुस्तक के

अध्ययन से अपनी सफलता सुनिश्चित करें।

: प्रकाशक :

राज किशोर पब्लिकेशन्स

इलाहाबाद।

स्वतन्त्र सम्बद्ध विषय का संक्षिप्त-लेखन

पत्र-व्यवहार सम्बन्धी 'संक्षिप्त-लेखन' की चर्चा के बाद स्वतंत्र सम्बद्ध विषय के संक्षिप्त-लेखन पर भी थोड़ा विचार कर लेना चाहिए।

स्वतंत्र विषय के अंतर्गत भाषण, विशेष समितियों के समक्ष दिये गये परामर्श, न्यायालयों की पूंछ-तांछ, समाचार-पत्रों के लेख तथा साहित्यिक निबन्ध आते हैं।

उपर्युक्त विषयों पर 'संक्षिप्त-लेख लिखना विशेष कठिन नहीं है, पर कुछ बातों पर ध्यान देना नितांत आवश्यक है—

1—सर्वनाम—मैं, हम, तुम, मुझे, हमें आदि को अन्य पुरुष में—वह, वे, उन्हें, उनको—के रूप में बदल देना चाहिए।

2—जहाँ प्रश्न और उत्तर हो वहाँ पहले प्रश्न की चर्चा न करके उत्तर का ही उल्लेख करना चाहिए। जैसे—

श्री..................................ने उत्तर में.......................श्री...............से कहा कि.........................

3—जहाँ एक विषय से सम्बन्धित कई प्रश्न और उत्तर हों वहाँ उन्हें अलग-अलग न देकर पहले प्रश्नों और बाद में उत्तरों को देना चाहिए। जैसे—

निम्नलिखित प्रश्न पूछे गये—

(क)...................

(ख)........... ....

(ग)...................

इनके उत्तर इस प्रकार प्राप्त हुए—

(क)...................

(ख)...................

(ग)...................

४—सर्वनाम का रूप-परिवर्तन करने के साथ ही यह भी ध्यान रखना चाहिए कि जो वर्तमानकालिक क्रियायें हों उन्हें भूतकालिक क्रियाओं में बदल दिया जाय।

५—जहाँ वक्ता अथवा लेखक के विषय में निश्चयात्मक रूप से ज्ञान न हो वहाँ अनिश्चयात्मक ढंग ही स्वीकार करना चाहिए। जैसे—

ऐसा कहा गया कि............................

ऐसा बताया गया कि.........................

अब संक्षिप्त-लेखन के कुछ उदाहरण आगे दिये जाते हैं :

प्रश्न : निम्नांकित गद्यांश को उसके एक तिहाई आकार में संक्षेप करके लिखिये—

कांग्रेस पार्टी ने अपने लिए जो आचार संहिता बनायी है उसका पालन आसान नहीं दिखता और यह भी संभव है कि कांग्रेस-विरोधी दल के लोग इसे एक ढोंग की संज्ञा दें। इसके बावजूद यह मानना होगा कि यदि इस पर आधे मन से भी अमल हुआ तो उसका लोगों पर काफी असर पड़ेगा। इससे कांग्रेस की एक नई पहचान बनेगी। आज जनता यह मानने को विवश हो गयी है कि राजनीतिक नेता चाहे वे किसी भी पार्टी के हों, एक ही थैली के चट्टे-बट्टे हैं और भाषणों में वे भले ही एक दूसरे के खिलाफ बोलें लेकिन रहन-सहन सबका एक जैसा है। अपराधियों से सांठ-गाँठ, सुरा-सुन्दरी से निकट सम्पर्क और पैसे का भयानक खेल, यह राजनीतिक दलों का रोजनामचा बन गया है। हालांकि ऐसा नहीं है कि राजनीति में सक्रिय सभी लोग भ्रष्ट हैं। लेकिन कुछ भ्रष्ट लोगों की वज़ह से राजनीति में सक्रिय सभी लोगों की छवि धूमिल हुई है। दूसरी ओर जनता सभी तरह के भ्रष्टाचार से ऊब गयी है और वह उससे निजात पाना चाहती है। लेकिन वह अपनी विवशता भी महसूस करती है। ऐसी स्थिति में कांग्रेस पार्टी ने जो पहल की है, वह निश्चय ही स्वागत योग्य है। जाहिर है कि इस आचरण संहिता को लागू करने में भारी कठिनाई आयेगी। लेकिन यदि इच्छाशक्ति हो और ईमानदारी से पहल की जाये तो कम से कम शुरुआत तो हो ही सकती है। जो नेता अपने भाषणों और वायदों से लोगों को नहीं रिझा सकता वह अपने आचरण से रिझा सकता है। कांग्रेस ने 19-सूत्री आचरण संहिता बनायी है। सभी सांसदों तथा विधायकों एवं प्रमुख व्यक्तियों के लिये जरूरी होगा कि वे अपनी सम्पत्ति का व्यौरा कांग्रेस के अध्यक्ष के सामने पेश करें। शराब तथा अन्य नशीले पदार्थों से बचना, खादी पहनना, परिवार नियोजन पर ध्यान देना, महिलाओं की गरिमा सुरक्षित रखने पर जोर देना, धार्मिक तथा जाति आधारित संगठनों में शामिल न होना, पार्टी की नीतियों के खिलाफ सार्वजनिक वक्तव्य न देना, राष्ट्रहित को सर्वोपरि मानकर काम करना, धर्मनिरपेक्षता का पूरी तरह आदर करना, अपराध कर्मों तथा अपराधकर्मियों से बचना और यह स्पष्ट करना कि उनके खिलाफ कोई आपराधिक मामले विचाराधीन नहीं हैं, वैज्ञानिक सोच को बढ़ावा देने, समाज सेवा के क्षेत्र में बढ़-चढ़कर काम करना आदि मुद्दे आचार संहिता में शामिल हैं। इसके साथ ही पार्टी ने यह निर्देश भी दिया है कि कांग्रेसजन बेटे-बेटियों की शादी में वैभव का भद्दा प्रदर्शन न करें। जाहिर है कि पार्टी का निर्देश यह है कि कांग्रेसजन खुद पहले सदाचारपूर्ण आचरण करके दिखायें तभी वे दूसरों को भी वैसा करने के लिये प्रेरित कर सकते हैं।

उक्त आचार संहिता एक कठिन अनुशासन में बांधने की तैयारी के रूप में है। लेकिन इस बात से इनकार नहीं किया जा सकता कि यदि वास्तव में इस पर अमल शुरू हुआ तो कांग्रेस पार्टी अपनी अलग पहचान बनाने में सफल हो सकती है। अभी तो ऐसा लगता है कि पैसे बटोरने की धुन में लगे और शराब की पार्टियों में मस्त रहने वाले कांग्रेसियों के सामने भारी कठिनाई पैदा हो जायेगी। लेकिन जब यह दिखेगा कि आचार-संहिता का पालन किये बगैर पार्टी का टिकट नहीं मिल सकता, तब चाहे-अनचाहे लोगों को उस पर अमल करना होगा और जब जनता के सामने यह दिखना शुरू हो जायेगा तो पार्टी को निश्चय ही उसका भारी लाभ होगा। अब देखना यह है कि कांग्रेसजन इस आचार-संहिता को किस रूप में लेते हैं और उस पर किस सीमा तक अमल करते हैं।

संक्षिप्त आलेख

कांग्रेस पार्टी की आचार-संहिता

कांग्रेस पार्टी द्वारा अपने सदस्यों के लिए हाल में जारी किया गया 19-सूत्री आचार-संहिता स्वागत करने योग्य है। विगत कुछ समय से देश के राजनेताओं की सार्वजनिक घोषणाओं, प्रवचनों और रूप-प्रदर्शन से उनकी निजी जिन्दगी काफी भिन्न रही है, जिससे सभी राजनेता ढोंगी कहलाने लगे हैं। कांग्रेस दल के अधिकतर नेताओं की छवि भी ऐसी ही रही है, इस कारण देश के राजनीतिक जीवन में जो पतन हुआ है, वह किसी से छिपा नहीं है। कांग्रेस की आचार-संहिता में वे सभी बातें समाविष्ट हैं जिनका निजी और सार्वजनिक जीवन में पालन करने से कोई व्यक्ति सचमुच आदर्श बन सकता है। लेकिन आचार-संहिता में गिनाई गई जीवन-शैली कहने में जितनी आसान है, व्यावहारिक जीवन में उसका अनुगमन करना उतना ही कठिन है।

हर तरह की सुख-सुविधा, यहाँ तक कि विलासमय जीवन जीने के अभ्यस्त बन चुके कांग्रेसजनों के लिए सचमुच परीक्षा की घड़ी आ गई है। समय ही बतायेगा कि वे इस परीक्षा में कहाँ तक सफल होते हैं।

प्रश्न : नीचे उद्धरित गद्यांश का संक्षेप उसके एक तिहाई आकार में कीजिये—

देश की आर्थिक स्थिति की तस्वीर किसी से छिपी हुई नहीं है। इसमें परमाणु परीक्षण के बाद लगे प्रतिबंधों की कितनी भूमिका है, नीतियों की कितनी और कुप्रबंधों की कितनी, इसका हिसाव लगाना आसान नहीं है। पर प्रशासन, नीतियों और अर्थव्यवस्था के संचालकों के बीच अर्थनीति और अर्थव्यवस्था को लेकर कैसी अफरा-तफरी है, इसकी बहुत साफ तस्वीर आर्थिक संपादकों के सम्मेलन में केन्द्र सरकार के विभिन्न मंत्रियों, सचिवों ने दिखा दी। वित्तीय प्रशासन के सबसे बड़े पद पर बैठे वित्त मंत्री यशवंत सिन्हा ने मंत्री के रूप में कैसा प्रदर्शन किया है, यह सबके सामने है। पर जब वह सम्मेलन में मात्र तीन महीनों में अर्थव्यवस्था की हालत एकदम बदल जाने की भविष्यवाणी कर रहे थे तब वह वित्त-मंत्री की नहीं, ज्योतिषी की भविष्यवाणी लग रही थी। और अभी उनकी बातों की गूंज समाप्त भी नहीं हुई थी कि वाणिज्य मंत्री रामकृष्ण हेगड़े ने निर्यात के मामले में निराशाजनक स्थिति का उल्लेख करने के साथ ही यह भी कह दिया कि निर्यात में 20 फीसदी वृद्धि का लक्ष्य कभी पूरा नहीं हो सकता। और रही-सही कसर कृषि राज्यमंत्री सोमपाल ने खेती की पैदावार संबंधी निराशा और खुद तैयार न होकर आने का रहस्य जाहिर करके निकाल दी। वह ढंग से यह भी नहीं बता पाये कि पैदावार के बारे में उनके मंत्रालय के अनुमान क्या हैं। नागरिक उड्डयन मंत्री और वित्त सचिव द्वारा की गई नीति संबंधी घोषणाओं से भी साफ नहीं हुआ कि असल में अर्थव्यवस्था की दिशा, दशा और भविष्य क्या है। और यह न होने का ही अर्थ है कि बाजार और आर्थिक जगत में जो अफरा-तफरी दिख रही है, वह सीधे ऊपर से आ रही है। यदि वित्त-मंत्री की आशावादिता पर वापस लौटें तो यह समझना मुश्किल है कि वह किस हिसाब से राजकोषीय घाटे को 5.6 फीसदी रखने की बात करते हैं। और अगर वह इस असंभव से लगने वाले लक्ष्य को पा भी लेंगे तो मुद्रास्फीति की दर कैसे नीचे आयेगी, जिसकी भविष्यवाणी वह कर रहे हैं।

हम जानते हैं कि आम अनुभव और बाजार में साफ दिखती लूट को भूल भी जायें तो मुद्रास्फीति की सरकारी दर भी तीन वर्ष के रिकर्ड स्तर पर पहुंच चुकी है। जहां तक नीतियों का सवाल है, एक दिन पूर्व ही वित्त-मंत्री संघ-परिवार के ही एक घटक 'स्वदेशी जागरण मंच' के आंदोलन और मांगों को बकवास बताकर उदारीकरण जारी रखने की घोषणा कर चुके हैं। साफ जाहिर है कि सात-आठ वर्ष से चल रही नीतियों की समीक्षा नहीं हो रही है। और अगर निर्यात में ऋणात्मक विकास दर आ गया है, मुद्रास्फीति की दर रिकर्ड लेबिल पर पहुंच गयी है, शेयर बाजार पस्त है, कृषि में भारत को एक फीसदी के विकास दर की उम्मीद है, रुपया लुढ़कता जा रहा है, घाटा बढ़ता जा रहा है, औद्योगिक उत्पादों की मांग में भयावह मंदी है तो वित्त-मंत्री किस आधार पर ज्योतिषी की भूमिका में आ गये हैं। पिछले कई महीनों के बीच इंडिया बांड के नाम से विदेशों से मिली पूंजी ही एकमात्र धनात्मक उपलब्धि है। पर यह पैसा सूद समेत दो गुना और तीन गुना करके वापस करना है। इसलिए इसे लेकर भी ज्यादा उत्साहित होने की जरूरत नहीं है और सबसे बड़ी जरूरत यह है कि सरकार अभी तक की स्थिति, नीतियों, मंत्रालयों के कामकाज की ढंग से समीक्षा करे और उस आधार पर चुस्त प्रशासनिक निर्णय ले।

संक्षिप्त-लेखन

भारतीय अर्थव्यवस्था और केन्द्रीय मंत्रियों के परस्पर विरोधी कथन

हाल में हुए आर्थिक सम्पादकों के सम्मेलन में केन्द्रीय सरकार के वित्त, वाणिज्य और कृषि मंत्रियों ने जो परस्पर-विरोधी बातें कहीं उससे भारतीय अर्थव्यवस्था की स्थिति स्पष्ट होने के बजाय अनबूझ पहेली बन गई। वित्त-मंत्री का वक्तव्य ऐसा था मानों वह वित्त-विशेषज्ञ न होकर भविष्य-वक्ता ज्योतिषी हों। वस्तुस्थिति यह है कि मुद्रास्फीति की दर तीन वर्ष के रिकर्ड स्तर पर पहुँच गई है। वाणिज्य मंत्री के अनुसार निर्यात में 20 प्रतिशत वृद्धि का लक्ष्य कभी पूरा नहीं हो सकता। कृषि मंत्री सोमपाल की खेती की पैदावार सम्बन्धी घोषणा उनके अज्ञान की द्योतक थी। औद्योगिक उत्पादनों की मांग में भयावह मंदी है तो रुपये की कीमत आये दिन घटती रहती है। केवल विदेशी निवेश में कुछ वृद्धि हुई है। पर यह पैसा सूद समेत दो-गुना, तीन-गुना करके वापस करना है। इस प्रकार भारतीय अर्थव्यवस्था की वर्तमान स्थिति चिन्ताजनक है।

प्रश्न : निम्नलिखित अवतरण का संक्षेप उसके एक तिहाई आकार में कीजिये—

शिथिल पड़ती जा रही अर्थव्यवस्था के उपचार के लिए वित्तमंत्री यशवंत सिन्हा का कहना है कि वह सरकारी उपक्रमों के अंश बेचकर सुस्त पड़े बाजार को जगा देंगे और उनकी सरकार अधोसंरचना के विकास की परियोजनायें शुरू कर उद्योगों को जीवनदान देगी। वित्तमंत्री के अनुसार इन परियोजनाओं में लगने वाले सामान की पूर्ति उद्योग करेंगे और इस तरह वह मंदी के दौर से बाहर निकल आयेंगे। हो सकता है कि कुछ लोगों को वित्तमंत्री का यह बयान सही प्रतीत होता हो और उन्हें यह भी दिखाई पड़ रहा हो कि संसाधन सीमितता के कारण वित्तमंत्री मजबूर हैं, परंतु ध्यान रहे कि जनता की भी मजबूरियां कम नहीं हैं। जिन विवशताओं में

वित्तमंत्री को काम करना पड़ रहा है, उनसे कहीं गंभीर विवशताओं, विषमताओं और जटिलताओं में आम आदमी को जीवन व्यतीत करना पड़ रहा है। आजादी के 51 वर्ष पूरे होने पर आज भी कम-से-कम 42 करोड़ भारतीय निर्धनता की रेखा से नीचे जीवन-यापन कर रहे हैं। महज रोटी, कपड़ा और मकान तक़ इस आधे भारत के लिए दुर्लभ है। शिक्षा और स्वास्थ्य तो इनके लिए या तो मृगमरीचिका है या कोई विलासिता। यह सही है कि इस देश की सरकार और उद्योगों के पास इतने संसाधन नहीं हैं कि इस निर्धन भारत की जीवनदशा संवारी जा सके, किन्तु खेद की बात यह है कि जो कुछ भी संसाधन उपलब्ध हैं उनके उपयोग का भी ऐसा कोई खाका हमारे नीति-निर्धारकों के समक्ष बहुत स्पष्ट नहीं है जिससे निकट भविष्य में इस निर्धनता से पार पाया जा सके।

अपने हितों की चिंता का अधिकार अपने हाथ में लिए हुए हमें आज 51 वर्ष पूरे हो गये हैं। मानव-संसाधन विकास सूचकांक श्रेणी में आज भारत का स्थान 138 वां है। इसी तरह हमारी निर्यात क्षमता और उत्पादकता बेहद दयनीय है, भले ही औद्योगिक देशों की सूची में हम दसवें नम्बर पर हों। जब वित्तमंत्री उद्योग-वर्ग को संबोधित करते हैं और 12 प्रतिशत विकास दर के लक्ष्य की चर्चा करते हैं तब हम इस तथ्य को विस्मृत नहीं कर सकते हैं कि इस देश का एक बहुत बड़ा वर्ग ऐसा भी है जिस तक यह अपेक्षित विकास शायद ही कभी पहुंच सके। यह इस देश का दुर्भाग्य है कि आर्थिक आंकड़े, आर्थिक नीतियां और सरकारों के आर्थिक उपाय भारतीय अर्थव्यवस्था की एक सीमित परत को संबोधित करते हैं, सिर्फ इसी परत को पहचानते हैं और इसी परत को समूची अर्थव्यवस्था मान लेते है। नितान्त गरीबी का जीवन जी रहा लगभग आधा भारत न तो आर्थिक आंकड़ों का अस्तित्व स्वीकारता है और न ही खुलेपन या बंद द्वारों की नीतियां तथा मुद्रा व राजकोष के उपाय उसे छू पाते हैं। उसका प्रायः सारा जीवन ही दिन भर के भोजन की व्यवस्था की चिंता में बीत जाता है। युआन और येन या डालर के अवमूल्यन का भी उसपर उतना ही असर होता है जितना इन मुद्राओं के मूल्य चढ़ने का। पिछले पाँच दशक से अर्थशास्त्र से उसका तात्पर्य 'प्रगति के रिसाव' की बहानेबाज सैद्धान्तिकता से या लगभग भिक्षा के अंदाज में चल रही विभिन्न रोजगार गारंटी योजनाओं से ही हो रहा है।

यह सत्य है कि बंधुआ मजदूरी की समाप्ति, न्यूनतम वेतन कानून, स्त्रियों को समान वेतन, खतरनाक उद्यमों में बाल-मजदूरी पर रोक, भूमि सुधार, पंचायती राज, ग्रामीण रोजगार योजना जैसे उपायों से आजादी के बाद गरीबों की समस्याओं पर कुछ प्रहार तो किया गया है, किन्तु कटु सत्य यह है कि विकास की तमाम चर्चा के बावजूद निर्धनतम वर्ग विकास के अधिकार से हमेशा वंचित ही रहा है। निर्धनता वंशानुगत रोग बनी रही है, क्योंकि विकास का मूलमंत्र अर्थात् शिक्षा उससे दूर ही बनी रही है। जहां-कहीं जो कुछ भी शिक्षा का प्रसार हुआ है उसने सिर्फ नवसाक्षरों को जन्म दिया है। इससे शहरों पर दबाव बढ़ा है और परंपरागत उद्योग-धंधे, यहां तक कि परंपरागत कृषि भी नष्ट हो गई है। गरीबी की जंजीरें तोड़कर विकासशील समाज का हिस्सा बनाने वाली शिक्षा, विकास की सीढ़ी पर लगातार आगे बढ़ाने वाली शिक्षा उसी परत तक सीमित रही है जो सारी अर्थव्यवस्था के अलावा सारे विकास का भी पर्याय बनी हुई

है। ऐसा प्रतीत होता है कि हमारे नीति-निर्माताओं ने शिक्षा के क्षेत्र में भी रिसाव सिद्धांत को मान रखा है। विकासपरक सक्रियता एक सीमित लोक में ही विचरण कर रही है और लगभग आधे भारतवर्ष के लिए वह एक स्वप्नलोक है। अगर भारत को आगामी सदी में एक ज्यादा संपन्न राष्ट्र बन कर दिखाना है तो इस नितान्त निर्धनता पर सीधा प्रहार करना ही होगा। सक्रिय वर्ग की उन्नति को इस निर्धनता निवारण का सहगामी सिद्ध करना होगा, न कि प्रतियोगी। देश का विकास असमान ढंग से ज्यादा अवधि तक चलता रहे, यह न तो उचित है और न ही वांछित। हम सभी को इसे चुनौती के तौर पर स्वीकारना होगा।

संक्षिप्त-लेखन

देश का आर्थिक विकास और उससे लाभान्वित वर्ग

वित्त मंत्री यशवंत सिनहा मंदी के दौर से गुजर रहे उद्योगों को उबारने के लिए सार्वजनिक क्षेत्र के उपक्रमों को बेचकर उससे प्राप्त धन से विकास का आधारिक तंत्र खड़ा करना चाहते हैं। धन की कमी देश के विकास में आड़े आ रही है। सरकार की अपनी मजबूरियां हैं, पर उससे भी अधिक मजबूरियों का सामना देश की जनता को करना पड़ा है जिसका आधे से अधिक हिस्सा स्वतंत्रता के 51 वर्ष बीत जाने पर भी गरीबी की रेखा के नीचे जीवन बिताने को विवश है। उन्नतशील देशों की तुलना में विकास सूचकांक, विकास दर आदि के बारे में चाहे जितनी लच्छेदार बातें कही जायँ पर वे एक सीमित वर्ग के अतिरिक्त जो आर्थिक सम्पन्नता में रहता है, भारत की आम जनता की समझ से ऊपर की बातें होती हैं। आम जनता को रोटी, कपड़ा और रहने को मकान भी नहीं उपलब्ध है, आर्थिक विकास की पारिभाषिक शब्दाबली से उसे क्या लेना-देना है?

निस्संदेह देश की आजादी के बाद अनेक ऐसे कानून बने हैं जिनसे वंचित और शोषित वर्गों का हित हो सकता है। पर उनका कार्यान्वयन ऐसा है कि व्यवहार में ये कानून निष्प्रभावी साबित होते हैं। फलतः यदि देश का अभी तक कुछ आर्थिक विकास हुआ है तो उसका लाभ समाज के उच्च वर्गों तक सीमित है।

प्रश्न : निम्न अवतरित गद्यांश का संक्षिप्त-लेखन लगभग 200 शब्दों में कीजिए—

पर्यावरणीय प्रदूषण का सबसे खतरनाक एवं घातक रूप है परमाणुवीय प्रदूषण या रेडियोऐक्टिव प्रदूषण। परमाणु विकिरण के प्रत्यक्ष और अप्रत्यक्ष प्रभाव को आने वाली पीढ़ियां अपंगता एवं अन्य बीमारी के रूप में झेलती हैं। वनस्पतियां नष्ट होने लगती हैं एवं पानी प्रदूषित होने लगता है। परमाणु विकिरण समस्त वातावरण को प्रभावित करता है। मजे की बात यह है कि परमाणु शक्ति का प्रयोग चाहे मानवीय भूलवश हुआ हो या घृणावश, इसके प्रभावों से मुक्ति का कोई उपाय वैज्ञानिकों के हाथ में है ही नहीं।

आमतौर पर वायु, जल, मिट्टी या ध्वनि-प्रदूषण के दुष्प्रभावों को कम करने एवं इनकी वृद्धि को रोकने के लिए आदमी वनस्पति का सहारा लेता है। शहर को धुयें की कहर से बचाने के लिए 'हरे वृक्ष लगाओ' अभियान चलाकर जीवन को सुरक्षित करने के उपाय किये जा रहे हैं। इन्हीं वनस्पतियों में परमाणु विकिरण के दुष्प्रभावों से बचने के लिए भी असीम

शक्ति समाहित है। ब्रिटेन के वैज्ञानिक ने हाल ही में प्रयोग द्वारा सिद्ध किया है कि परमाणु विकिरण के दुष्प्रभावों को कम किया जा सकता है। इस बात के प्रयास किये जा रहे हैं कि ऐसी वनस्पतियों का पता लगाया जाय जो परमाणु रिऐक्टरों के आस-पास लगायी जायें और उनसे रेडियोऐक्टिव विकिरण का प्रभाव कम हो जाय।

ब्रिटेन के वैज्ञानिकों ने हाल ही में रेडियोऐक्टिव प्रदूषण के प्रभाव को कम करने में सूरजमुखी (हेलियंथस अनस) के पौधे को उपयुक्त पाया है। ब्रिटिश न्यूक्लियर फ्यूल लिमिटेड (बी.एन.एफ.एल.) ने रेडियोऐक्टिव प्रदूषण को नियंत्रित करने के लिए उपाय खोजने हेतु एक वृहद् योजना बनायी है।

रेडियोऐक्टिविटी के दुष्प्रभावों से जूझ रही मानवता के लिए यह खुशखबरी एक प्रयोग की सफलता से मिली है। लगभग अनुपयोगी हो चुके एसेक्स स्थित बाडवेल पावर स्टेशन में परमाणु कचरे की एक खाई है। काफी दिन हो चुके हैं, सो यह अब निम्न प्रदूषण स्तर पर है। इस साल की शुरुआत में इसी खाई में बड़ी संख्या में सूरजमुखी के पौधे लगाये गये थे। विगत माह जब वैज्ञानिकों की टीम उस खाई का प्रदूषण स्तर नापने पहुंची तो उनकी खुशी का ठिकाना न रहा। उस खाई में प्रदूषण न के बराबर मिला और इससे होने वाले प्रदूषण की मात्रा भी बहुत कम हो गयी थी। बी.एन.एफ.एल. के शोध-वैज्ञानिकों का मानना है कि अगर पौधों में रेडियोऐक्टिव प्रदूषण सोखने की इतनी जबर्दस्त क्षमता प्रयोगशाला में भी सिद्ध हो गयी तो सारी समस्या ही खत्म हो जायेगी। इन पौधों को सुरक्षित तरीके से जलाकर मुट्ठी भर राख को कहीं भी ठिकाने लगाया जा सकता है।

परमाणु-परीक्षणों की होड़ एवं विश्व में परमाणु-युद्ध के मंडराते खतरे के बीच रेडियोऐक्टिव प्रदूषण को समाप्त करने वाले पौधे की खोज निश्चित ही एक सुखद संदेश है। सारी दुनिया इस समय परमाणु हथियार की विभीषका से चिंतित है, पर इससे भी बड़ी समस्या परमाणु कचरे को ठिकाने लगाने की है। विकसित देश अपना परमाणु कचरा समुद्र में डाल रहे है एवं अपने विकास की कीमत विकासशील देशों के जैवीय संतुलन को बिगाड़कर वसूल रहे हैं। समुद्र में परमाणु कचरा फेंकने से जैवीय संतुलन बिगड़ने का खतरा बनता जा रहा है। साथ ही खाई खोदकर एवं गड्ढों में परमाणु कचरा दबाकर तुरंत भले ही कोई देश चैन की बंसी बजा ले पर मानवता रेडियोऐक्टिव विकिरण के दुष्प्रभावों के चलते कभी चैन की नींद नहीं सो पायेगी।

संक्षिप्त-लेखन

परमाणु विकिरण और सूरजमुखी

परमाणु विकिरण पर्यावरणीय प्रदूषण का सबसे भयावह रूप है। परमाणु शक्ति के विस्फोट मे यदि इस प्रकार के विकिरण को फैलने का अवसर दिया गया तो समस्त मानव जाति और अन्य प्राकृतिक जीवधारी नष्ट हो जायेंगे। अब वैज्ञानिक ऐसी वनस्पतियों का पता लगाने में प्रवृत्त हैं जो इस परमाणु विकिरण के विनाशकारी प्रभाव को कम कर सकें। इस सम्वन्ध में वैज्ञानिकों ने सुरजमुखी पौधे को उपयुक्त पाया है। यह जानकारी संयोग से प्राप्त हुई। इंगलैंड

के एसेक्स स्थित पावर स्टेशन में परमाणु कचरे को पड़े इतना समय बीत गया था कि कचरा लगभग निष्प्रभावी हो गया था। पर उसके निष्प्रभावी होने का मुख्य कारण उतना काल-क्षेप नहीं था जितना वहां बड़ी संख्या में सूरजमुखी पौधों की मौजूदगी। ये पौधे वहाँ यों ही लगा दिये गये थे, पर उनकी उपस्थिति से परमाणु विकिरण को निष्प्रभावी बनाने का हर्षजनक परिणाम सामने आया। वैज्ञानिकों ने पाया कि ये पौधे रेडियोऐक्टिव रेडिएशन को सोखने की अद्भुत क्षमता रखते हैं। यह खोज निश्चित ही मानवता के लिए एक सुखद संदेश है। अब विकसित देशों को अपनी परमाणु भट्टियों का कचरा समुद्र में फेंकने के बजाय कचरों की खाई में सूरजमुखी पौधों को लगाने का कार्यक्रम विस्तृत आकार पर चलाना चाहिए।

प्रश्न : निम्नांकित गद्यांश का संक्षिप्त-लेखन मूल के एक तिहाई में कीजिये—

पिछले दिनों हिमालय क्षेत्र में हुए भीषंण भू-स्खलन से तीन-सौ से अधिक लोग हमेशा के लिए जिंदा दफन हो गए। अकेले मालपा गांव में ही लगभग दो-सौ लोग भू-स्खलन की विभीषिका में काल-कवलित हुए। साथ ही पूरा मालपा गांव पंद्रह मीटर मलबे के नीचे समा गया।

सामान्य तौर पर तो इसे प्राकृतिक आपदा का नाम दिया जा सकता है। यह प्राकृतिक आपदा अकारण नहीं है, वरन् सकारण है। इस विभीषिका का सच कुछ और ही है। वह है पर्यावरण असंतुलन तथा विकास की अंधी-दौड़ में प्रकृति के साथ हो रही छेड़-छाड़। मानवीय गरिमा के विरुद्ध विकास की गतिविधियों के नाम पर हो रहे मानव-विनाश का जिम्मेवार स्वयं मनुष्य है। विकास का नारा देकर पहाड़ों को वन-विहीन किया जा रहा है। बड़े-बड़े बांध तथा वृहद् परियोजनाओं को अंजाम दिया जा रहा है। पहाड़ों की छाती पर विस्फोट करके सड़कें बनायी जा रही हैं। यह सब पर्यावरण के साथ अपने विनाश का खेल नहीं तो और क्या है? पानी में पत्थर मारा है तो हलचल होगी ही। मालपा में प्रकृति ने जो अपना कहर बरपा है उसके पीछे गांव से कुछ किलोमीटर दूर निर्माणाधीन धौली गंगा जल बिजली परियोजना भी हो सकती है, जहां हजारों किलोग्राम बारूद का विस्फोट किया गया। जाहिर है कि बारूद के भीषण धमाकों से चट्टानें चटकी होंगी और बारिश में भहरा गयीं। पहाड़ों और पर्यावरण के साथ हो रही अमानवीय खिलवाड़ के कारण ही भूस्खलन, भूकम्प और बाढ़ जैसी प्राकृतिक आपदाओं में बढ़ोत्तरी हो रही है। 1977 और 79 में तवाघाट में भारी भूस्खलन तथा 20 अक्टूबर 1991 को उत्तर काशी में आया विनाशकारी भूकंप प्रकृति के साथ हुए खिलवाड़ का अंग हो सकते हैं, जिसकी परिणति हम देख चुके हैं।

मालपा त्रासदी पर्यावरण और प्रकृति की विनाशलीला की परिणति है। अपने विकास के जो उपादान खड़े किये गये वही विनाश के कारण बन रहे हैं। विकास के इन उपादानों का तब क्या अर्थ रह जाता है जब मानव-जीवन ही खतरे में पड़ जाये, क्योंकि प्राकृतिक आपदाओं के सामने हमारा सारा ज्ञान-विज्ञान निरीह, असहाय और अपंग है। बहरहाल, प्रकृति के साथ हो रहे खिलवाड़ चाहे वे सरकारी स्तर से हो रहे हों या अन्य किसी संस्था या व्यक्ति के द्वारा, उन्हें रोकना ही होगा अन्यथा भूस्खलन, भूकंप, बाढ़ जैसी विनाशकारी धटनायें मानव-जीवन के साथ क्रूर खिलवाड़ करती ही रहेंगी।

संक्षिप्त-लेखन

विकास के नाम पर विनाश

पिथौरागढ़ जनपद के मालपा गाँव में हुए भू-स्खलन में एक साथ दो-सौ व्यक्ति चट्टानों के नीचे दब कर काल के गाल में समा गये। अनुमान है कि धौली गंगा जल विद्युत परियोजना के सिलसिले में किये गये बारूदी विस्फोट के फलस्वरूप पहाड़ का संतुलन बिगड़ गया और भारी वर्षा में चट्टानें भहरा गई जिससे यह दुर्घटना हुई। प्राकृतिक आपदा अकारण नहीं आती। मनुष्य प्राकृतिक संरचना से छेड़-छाड़ करता है और आपदाओं को आमंत्रण देता है। 1970, 1971 और 1991 में भी इसी हिमालयी क्षेत्र में ऐसी दुर्घटनायें हुई थीं। किन्तु विकास की अंधी दौड़ में लिप्त मनुष्य पुराने अनुभवों से कुछ नहीं सीखता। सोचने की बात यह है कि ऐसे विकास से मनुष्य को क्या लाभ जो अपने साथ विनाश-लीला लेकर आये।

प्रश्न : निम्न के अवतरण का संक्षिप्त-लेखन उसके तृतीयांश में कीजिये—

भारत के पूर्व वित्त मंत्री पी. चिदम्बरम ने बगैर शर्मिन्दा हुए बिना किसी अपराध-बोध के लोकसभा में यह तथ्य प्रकट किया कि भारत की कुल संपत्ति का 40 प्रतिशत हिस्सा देश के 538 लोगों के पास है। निश्चित रूप से दुनिया की तमाम भौतिक सुख-सुविधाओं का उपभोग यही लोग करते होंगे। इसके बाद आता है ग्रेट इंडियन मिडिल क्लास, जो बहुसंख्यक वंचितों पर अपनी हेकड़ी दिखाता है और अल्पसंख्यक उच्चवर्गीयों से स्वप्निल प्रतिस्पर्धा करता है, चीजों को देख-देख कर ललचाता है और आत्मप्रवंचना में मुग्ध रहता है। अंत में बहुसंख्यक वंचित आते हैं जिन्हें सदैव वंचित बनाए रखने में 538 बड़े और 'ग्रेट इंडियन मिडिल क्लास', दोनों ही भागीदार होते हैं। यह स्थिति बिल्कुल इसी रूप में पूरी दुनिया में लागू है। यू.एन.डी.पी. की रिपोर्ट से यह बात साबित भी हो जाती है।

इस रिपोर्ट के मुताबिक इस साल निजी और सार्वजनिक उपभोग व्यय 240 अरब डालर तक पहुंच जाने की उम्मीद है। रुपये में इसका हिसाब लगाना असंभव की हद तक मुश्किल है। निश्चित रूप से इतना रुपया जीवन की मूलभूत आवश्यकताओं की पूर्ति में नहीं खर्च होता है, क्योंकि एक तो जीवन की मूलभूत जरूरतें बहुत महंगी नहीं होतीं और दूसरे ये सुविधायें तकरीबन आधी आबादी को उपलब्ध नहीं हैं। यह उपभोक्ता खर्च 1950 के स्तर से छह गुना ज्यादा है। निश्चित रूप से दुनिया की आबादी पिछले पचास वर्षों में छह गुना नहीं बढ़ी है। औद्योगिक देशों में प्रति व्यक्ति उपभोग दर सालाना 2.3 प्रतिशत बढ़ी है। आश्चर्यजनक ढंग से पूर्वी एशिया में यह दर 6.1 प्रतिशत है, जबकि दक्षिण एशिया में यह दो प्रतिशत की दर से बढ़ी है। लेकिन दुनिया का एक बड़ा हिस्सा ऐसा है जहां इसके बढ़ने की दर या तो बहुत कम है या रुकी पड़ी है। अफ्रीका के औसतन घरों में यह दर 25 साल पहले की अपेक्षा 20 प्रतिशत कम है।

दुनिया के 20 प्रतिशत लोग इस बढ़ते उपभोग से वंचित हैं। तकरीबन एक अरब लोग बुनियादी उपभोक्ता जरूरतों से वंचित हैं। विकासशील देशों की 4.4 अरब आबादी के बड़े हिस्से को शौचालय की सुविधा उपलब्ध नहीं है। इसकी एक तिहाई आबादी पीने के साफ

पानी से वंचित है। एक चौथाई लोगों के रहने के लिए घर नहीं हैं। इस आबादी के हर पांच बच्चों में से एक बच्चा पांचवी कक्षा तक भी पढ़ाई नहीं कर पाता है। इस आबादी के पांचवे हिस्से को शारीरिक रूप से सक्षम रहने के लिए आवश्यक भोजन भी नहीं प्राप्त हो पाता है। दुनिया के दो अरब लोग रक्ताल्पता के शिकार हैं, इनमें से साढ़े पांच करोड़ लोग औद्योगिक रूप से विकसित देशों के निवासी हैं। विकासशील देशों की कुल आबादी का बहुत ही छोटा हिस्सा मोटरकार, दूरसंचार, आधुनिक तकनीक और ऊर्जा के आधुनिकतम साधनों का इस्तेमाल करता है।

दरअसल स्वतंत्रता, समानता और भाई-चारे के नाम पर जिस उदारवादी व्यवस्था का जन्म हुआ उसी उदारवाद से पूंजीवाद का भस्मासुर भी पैदा हुआ जिसे पिछले 200 सालों से दुनिया की आबादी का एक बड़ा हिस्सा पालता आ रहा है। जिस प्रकार दुनिया के उत्पीड़ितों का शिक्षाशास्त्र है वैसे ही उपेक्षितों (स्त्रियों और दलितों) का समाजशास्त्र है और वैसे ही वंचितों का अर्थशास्त्र है। और इस अर्थशास्त्र को जायज ठहराने के लिए पूंजीवाद का तर्कशास्त्र है। जिस समय पूंजीवादी व्यवस्था का जन्म हुआ उसी समय से इसने बिल्कुल स्वाभाविक ढंग से अपने आप को मजबूत बनाने के लिए अपने बुनियादी ढांचे का विकास करना शुरू कर दिया। चूंकि कोई भी इतना शक्तिशाली नहीं होता कि वह सारे समय तक शक्तिशाली बना रहे, कालप्रवाह में उसकी शक्ति का क्षरण होता है, उसी समय व्यवस्था का बुनियादी ढांचा उसके क्षरण को रोकता है और अतिरिक्त ऊर्जा की आपूर्ति करके उसे मजबूती प्रदान करता है। इसी प्रकार पूंजीवादी व्यवस्था ने भी अपने बुनियादी ढांचे का विकास किया और अपने आप को बनाये रखने के लिए एक नया तर्कशास्त्र गढ़ा। इसके बुनियादी ढांचे में स्वतंत्रता, समानता और भ्रातृत्व स्थायी रूप से थे। साथ-साथ प्रजातंत्र, उदारवाद, कल्याणकारी राज्य, काल्पनिक समाजवाद, फेबियन समाजवाद, सामाजिक प्रजातंत्र, संसदीय समाजवाद, विकासवादी समाजवाद, फासीवाद वगैरह जुड़ते रहे और वंचितों के अर्थशास्त्र को वैचारिक रूप से मजबूत करते रहे। इसमें अंत में नेहरू के वैज्ञानिक समाजवाद को यदि जोड़ दें तो 'उत्पादन का समाजवाद होता है, वितरण का नहीं।' और इसका विखंडनवादी पाठ यह कर दे कि हां बिल्कुल 'उत्पादन में समाजवाद होना चाहिए लेकिन वितरण पूंजीवादी तरीके से ही होना चाहिए' तो वंचितों का अर्थशास्त्र पूरा हो जायेगा।

संक्षिप्त-लेखन

उदारवादी व्यवस्था का छद्म रूप

भारत के पूर्व वित्तमंत्री पी. चिदम्बरम् के कथनानुसार देश की कुल सम्पत्ति के 40% भाग का उपभोग देश के 538 लोगों द्वारा होता है। शेष का अधिकांश मध्यम वर्ग हथिया लेता है। इतने पर भी वह अल्पसंख्यक उच्च-वर्गीयों की स्पर्धा में मारा जाता है और कभी संतोष का अनुभव नहीं करता। यू.एन.डी.पी. की रिपोर्ट बताती है कि जो चित्र हमारे देश का है, वही अन्य देशों में भी मिलता है।

रिपोर्ट के अनुसार उपयोग का खर्च 1950 की तुलना में छः गुना बढ़ा है जबकि जनसंख्या

में वृद्धि इस अनुपात में नहीं हुयी है। 20 प्रतिशत लोग ऐसे हैं जो बढ़ते उपभोग से बिल्कुल वंचित हैं। अफ्रीका के औसतन घरों में यह दर 25 साल पहले से 20 प्रतिशत कम हुई है। स्पष्ट है कि उपभोग की सुविधा केवल विकसित देशों के कुछ वर्गों तक सीमित रही है।

वास्तविकता यह है कि सफलता, भाई-चारे और स्वतंत्रता के नाम पर जिस उदारवादी व्यवस्था का जन्म हुआ उसी उदारवाद से पूंजीवाद भी पैदा हुआ जो रूप भले ही बदलता रहे पर कभी मरने का नाम ही नहीं लेता। पूंजीवाद के निरन्तर बदलते छद्म रूप को पहचानना कठिन है।

प्रश्न : निम्नांकित अवतरण का संक्षिप्त-लेखन उसके एक तिहाई परिमाण में कीजिये—

आज देश के प्रायः सभी राजनीतिक दल राष्ट्रपिता महात्मा गांधी को घूम-फिरकर याद कर लेते हैं। इनमें भाजपा भी शामिल है। श्रीमती सोनिया गांधी के नेतृत्व में कांग्रेस पार्टी तो सबसे आगे निकल गयी है। वह इंदिरा युग, नेहरू युग को लांघते हुए महात्मा गाँधी युग में जाकर खड़ी हो गयी है। शराब से परहेज करो, जनता के बीच जाओ, उसकी नब्ज़ पहचानो, चर्खा चलाओ, खादी पहनो, अपने पास उतनी ही सम्पत्ति रखो जिससे तुम्हारा काम चल जाये। सोनिया की कांग्रेस विशुद्ध गांधीवादी बनने का प्रयास कर रही है। गांधी जी खादी, ग्रामोद्योग, हिन्दू-मुस्लिम एकता, अस्पृश्यता-निवारण, शराबबन्दी, प्रौढ़-शिक्षा, ग्राम-सुधार और हिन्दी के प्रचार पर विशेष जोर देते थे। कांग्रेस भी इसी रास्ते पर चलने का मन बना रही है। सोनिया का अंतःकरण तो भारतीय हो चुका है। लिवास भी भारतीय है। अब कुछ और बातें अपना कर वह सौ फीसदी हिन्दुस्तानी बनना चाहती है, जिससे सभी यह भूल जायें कि सोनिया का जन्म विदेश में हुआ था। उनके मां-बाप विदेशी हैं। वह विदेशी मूल की है।

क्षेत्रवाद और जातिवाद के संकीर्ण दायरे में चहलकदमी करने वाली राजनीतिक पार्टियां भी गांधी जी को उद्धृत करती हैं। हिन्दुत्व का नारा बुलंद करने वाली भाजपा जिसका जन्म आर. एस. एस. की कोख से हुआ है, वह भी महात्मा गांधी को कुछ ज्यादा ही याद करने लगी है। यह बात दीगर है कि हिन्दुत्व या हिन्दू धर्म के बारे में महात्मा गांधी के जो विचार थे वे भाजपा के हिन्दुत्व से भिन्न हैं। 1921 में गांधी जी ने कहा था कि 'भारत भूख से मर रहा है क्योंकि उसे उस रोजी-रोजगार से वंचित कर दिया गया है जो उसे रोटी दे सकता है।' अस्सी साल बाद भी यह बात वैसी ही सही नज़र आ रही है। इस पर आज के राजनीतिज्ञों को गौर करना चाहिये। कोई हिन्दुओं के हित की वकालत करता है तो कोई मुसलमानों की, कोई किसी जाति विशेष को गिरोह-बंद कर एक राजनीतिक ताकत खड़ी कर लेता है तो कोई क्षेत्रवाद की जमीन पर खड़ा होकर राष्ट्रवाद को चुनौती देता है। इन सबसे बचना चाहिये।

महात्मा गांधी वैसे तो सभी धर्मों का आदर करते थे, लेकिन मूल रूप से वह हिन्दू धर्म से प्रभावित थे। जिस पागल ने आवेश में आकर गांधी जी की हत्या कर दी उसने या उससे हत्या करने वाली ताकतों ने न तो गांधी को समझा और न ही हिन्दू धर्म के मर्म को। कभी-कभी गांधी जी अपने को सनातनी हिन्दू कहते थे। संघ परिवार का ध्यान आकर्षित करते हुए यह कहा जा सकता है कि गांधी जी अपने को सनातनी हिन्दू कहने में गर्व का अनुभव करते थे। वह वेदों, पुराणों, उपनिषदों और सभी प्रमुख हिन्दू धर्मग्रन्थों में पूर्ण विश्वास करते थे। वर्णाश्रम

व्यवस्था में भी उनकी आस्था थी। वह बहुत ही व्यापक अर्थों में गोरक्षा के समर्थक थे। मूर्ति पूजा में उनका विश्वास था। राम का तो उनसे बड़ा भक्त उस समय दूसरा कोई था ही नहीं। गांधी-दर्शन को समझने वालों की यदि संख्या बढ़ जाय तो राजनीति में इन्सानियत के साथ जो बदसलूकी हो रही है वह रुक जाये। डाक्टर अम्बेदकर ने एक बार कहा था कि 'अछूत जाति-प्रथा की उपज है, जब तक जातियां कायम रहेंगी तब तक अछूत भी रहेंगे। जाति प्रथा के विनाश के बिना और किसी भांति अछूतों का उद्धार नहीं किया जा सकता।' महात्मा गांधी ने इसका प्रतिवाद किया और कहा कि जाति-प्रथा को नष्ट कर देना उतना ही ग़लत है जितना फोड़े-फुंसी के उठ आने पर शरीर को नष्ट कर देना। अस्पृश्यता जाति-प्रथा की उपज नहीं बल्कि ऊंच-नीच की उस भावना की उपज है जो हिन्दू धर्म में घुस आयी है।

कांग्रेस पार्टी यदि महात्मा गांधी के आदर्शों को अपना कर अपने को मजबूत बनाना चाहती है तो उसे गांधी-दर्शन के महासागर का मंथन करना होगा। राजनीतिक निर्णय लेने की महात्मा गांधी की अपनी शैली थी। सभी विरोधों के बावजूद वह अपनी मान्यताओं पर डटे रहते थे। एक बार जो निर्णय कर लिया सो कर लिया। यह आत्मविश्वास ही था जिसने उन्हें 'महात्मा' बनाया। ऐसा नहीं कि आज कुछ कह रहे हैं और कल कुछ कहने लगें। किसी कोने से दबाव बढ़ा तो निर्णय ही बदल दिया। उन लोगों के साथ हो लिये जो लोकतंत्र की छाती पर हिंसा का नग्न ताण्डव कर रहे हैं और लोकतंत्र के रक्षक भी बने हुए हैं, जिनका अपना संविधान है, अपना कानून है। कांग्रेस को यदि गांधी के आदर्शों पर चलकर आत्म-परिष्कार करना है तो उसे मौकापरस्त सियासत से नाता तोड़ना होगा। समाज को खण्ड-खण्ड करने वाली सियासी ताकतों को दुत्कारना होगा और गजराज की तरह अपने ही रास्ते पर चलना होगा। बिहार में पृथक् राज्य के मुद्दे पर कांग्रेस ने जो तरह-तरह के रंग बदले, उससे उसकी बनती विश्वसनीयता को झटका लगा। जनता का विश्वास यदि एक बार टूट जाता है तो उसे पुनः अर्जित करने में समय लगता है। कांग्रेस को यह सोचना है कि वह बात वास्तव में दमदार है कि आदमी के चरित्र की पहचान उसके दोस्तों को देखकर की जा सकती है।

संक्षिप्त-लेखन

कांग्रेस और गाँधी जी

जब गांधी-जयन्ती आती है तब देश के सभी राजनीतिक दल एक बार गांधी जी को याद कर लेते हैं। यह हर राजनीतिक दल की मजबूरी है। नित्य के व्यवहार में गांधी विचार-धारा का पालन कौन दल कितना करता है, यह दीगर बात है। कांग्रेस अध्यक्ष सोनिया गांधी इन दिनों अपने को भारतीयता के रंग में पूरी तरह रंगी हुई दिखाने के प्रयत्न में हैं, साथ ही वह अपनी पार्टी को भी गांधी जी की नीतियों पर चलने का उपदेश और आदेश नित्य करती रहती हैं। आज से लगभग 80 वर्ष पूर्व गांधी जी ने कहा था कि 'भारत भूखों मर रहा है।' सोनिया गांधी की पार्टी ने अपने कई दशकों के शासनकाल में भूखों मरते भारत को कितना बचाया, यह सभी जानते हैं। आज के सभी दलों के राजनीतिज्ञों को भी गांधी जी की यह बात याद रखनी चाहिए। यह भी याद रखने की बात है कि गांधी जी के स्वप्नों का भारत जितना आज

विखंडित है, उतना पहले कभी नहीं था।

अछूतोद्धार के समर्थक होते हुए भी गांधी जी वर्ण-व्यवस्था के विरोधी नहीं थे। इस विषय में डा० अम्बेदकर से उनका मतैक्य नहीं था।

गांधी जी दृढ़ निश्चय के व्यक्ति थे। किसी बात का निश्चय कर देने पर उससे उन्हें डिगाना असंभव था। सोनिया गांधी की कांग्रेस जो बिहार में झारखंड के मामले में हर दिन अपना रंग बदला करती है, अपने को गांधी-दर्शन का अनुयायी कैसे कह सकती है?

प्रश्न : निम्नलिखित अवतरण का संक्षिप्त-लेखन मूल के एक तिहाई में कीजिए:—

उत्तर प्रदेश के दुर्दान्त अपराधी श्रीप्रकाश शुक्ल की मुठभेड़ में हुई मौत जहां एक ओर राहत पहुंचाती है, वहीं दूसरी ओर कई सवाल भी उठाती है। सवाल इसलिये कि यह शातिर और इनामी बदमाश जितना कुख्यात अपने 'रुटीन' अपराधों के लिये था, उतना ही या शायद उससे भी ज्यादा 'राजनीतिक हत्याओं' के लिए जाना जाता था। बिहार के पूर्व मंत्री बृजबिहारी प्रसाद और उ.प्र. के विधायक वीरेन्द्र प्रताप शाही की सरेआम हत्या करने वाले इस अपराधी के ऊपर मुख्यमंत्री कल्याण सिंह और उ.प्र. भाजपा अध्यक्ष राजनाथ सिंह की हत्या करने के लिये 'सुपारी' लेने का भी आरोप था। यह आरोप भाजपा के सांसद साक्षी महराज ने सार्वजनिक तौर पर उद्घाटित किए थे और एक निजी टी.वी. चैनल ने अपने एक कार्यक्रम में ऐसी एक खबर प्रसारित भी की थी। खबर थी कि शुक्ल को किसी राजनेता ने इन हत्याओं के लिये छह करोड़ की सुपारी दी थी जिनमें से एक करोड़ की अग्रिम राशि का उसे भुगतान भी कर दिया गया था। शुक्ल को या इस जैसे अपराधियों को पालने, प्रोत्साहित करने और उपयोग करने के किस्से भारतीय राजनीति में नये नहीं हैं। दाउद इब्राहीम के भी कई राजनेताओं से संबंध बताये जाते हैं। हाजी मस्तान और गवली जैसे अपराधी तो बाद में सीधे सक्रिय राजनीति में भी उतर आये। हालत यह हो गयी है कि आज शायद ही देश का कोई कुख्यात अपराधी ऐसा हो जिसे किसी 'इस' या 'उस' राजनेता का वरदहस्त प्राप्त न बताया जाता हो। देश की बहुत कम राजनीतिक पार्टियां इस आरोप से बची हुई हैं जिनमें असामाजिक तत्वों का प्रवेश वर्जित माना जाता हो। वोहरा समिति ने अपराध और राजनीति के बीच साठ-गांठ पर अपनी जो रिपोर्ट पेश की है, वह आंख खोलने वाली है। लेकिन हमारे यहां ऐसी रपटों पर ध्यान कम ही दिया जाता है और उस पर अमल तो और भी कम किया जाता है। इसलिये ऐसे हालात में श्रीप्रकाश शुक्ल जैसे अपराधी का पैदा होना और अचानक अपराध और राजनीति की दुनिया का खौफ बन जाना स्वाभाविक लगता है। बहरहाल, अपराध और राजनीति की साठ-गांठ का सबसे घिनौना पक्ष राजनीतिक हत्यायें हैं। इसलिए यदि यह सच है कि शुक्ल को कल्याण सिंह और राजनाथ सिंह जैसे वरिष्ठ नेताओं को मारने के लिए छह करोड़ की सुपारी दी गयी थी तो यह बेहद गंभीर बात है और इसका पता लगाया जाना चाहिए कि यह 'सुपारी' किसने दी थी। एक खबर यह भी है कि शुक्ल और उसके साथियों को पुलिस ने दो दिन पहले ही पकड़ लिया था और सघन पूंछ-तांछ के बाद एक फर्जी मुठभेड़ में हत्या कर दी गयी। अगर यह खबर सच है तो पुलिस को यह जरूर मालूम होगा कि 'सुपारी' देने वाला कौन है क्योंकि आज की तारीख में शुक्ल की मौत से ज्यादा दिलचस्पी लोगों की इस बात में है कि राजनीतिक प्रतिद्वंद्विता या

विद्वेष में इस हद तक जाने वाला कौन हो सकता है। वह शुक्ल से भी बड़ा अपराधी है क्योंकि हत्यायें करने वाले से ज्यादा बड़ा अपराधी उसे करवाने वाला माना जाता है। फिलहाल अपराध और राजनीति की इस लुका-छिपी में जिनकी भी प्रामाणिक शिनाख्त हो जाये उन्हें अवश्य दंडित किया जाना चाहिए। चाहे वह कितना भी कोई बड़ा राजनेता ही क्यों न हो।

संक्षिप्त-लेखन

राजनीति का अपराधीकरण

कुख्यात अपराधी श्रीप्रकाश शुक्ल अन्ततः पुलिस के हाथों मारा गया। वह साधारण कोटि का अपराधी नहीं था। वह दो 'राजनीतिक' हत्यायें कर चुका था और आगे भारी रकम पर दो हत्याओं का बीड़ा उठा चुका था। अतः प्रश्न एक श्रीप्रकाश के मारे जाने या उसके द्वारा की गई हत्याओं का उतना नहीं है जितना राजनीति के अपराधीकरण का है। यों तो देश का कोई राजनीतिक दल ऐसा नहीं होगा जो अपराधियों को शह और शरण देने के दोष से मुक्त हो। पर श्रीप्रकाश शुक्ल द्वारा हत्या के लिए ली गई सुपारी के इस विशिष्ट संदर्भ में पुलिस को जो जानकारी मिली है उसके आधार पर उस व्यक्ति का पता लगाना जरूरी है जिसने अपने राजनीतिक स्वार्थ की सिद्धि के लिए यह षड्यंत्र रचा था। राजनीति को अपराधियों के चंगुल में जाने से रोकने के लिए यह अनिवार्य है।

प्रश्न : निम्नांकित अवतरण का संक्षिप्त-लेखन उसके एक तिहाई आकार में कीजियेः—

भारत की आजादी की आधी सदी बीत चुकी है। यह भारत के विभाजन एवं पाकिस्तान के निर्माण की भी आधी सदी है। आजादी एवं विभाजन के इस ऐतिहासिक द्वैध ने भारत एवं पाकिस्तान के बीच एक ऐसे तनाव को जन्म दिया जो समय बीतने के साथ घटने के बजाय बढ़ता ही गया है। दोनों देशों द्वारा परमाणु विस्फोटों के बाद यह स्थिति एक अत्यंत नाजुक मोड़ पर पहुंच गई है और आज दोनों देशों के बीच संबंध-सुधार पहले से कहीं ज्यादा जरूरी हो गया है। इस दृष्टि से, गुट-निरपेक्ष राष्ट्रों के शिखर-सम्मेलन के दौरान डरबन में भारत एवं पाकिस्तान के प्रधानमंत्रियों की संभावित बातचीत से कुछ उम्मीदें लगाई जा रही थीं। पर मियां नवाज शरीफ के डरबन न पहुंचने के कारण यह वार्ता न हो सकी। बहरहाल, डरबन में दोनों देशों के अधिकारियों के मिलने से आगे की वार्ता के लिए एक माहौल अवश्य बनता नजर आ रहा है। डरबन से लौटकर भारत के प्रधानमंत्री एवं पाकिस्तान के विदेश मंत्री ने इस दृष्टि से उत्साहवर्द्धक बयान दिए हैं। इन सब बातों से एक उम्मीद तो बंधती है पर पिछले अनुभव से हम जानते हैं कि तमाम शाब्दिक गर्मजोशी के बावजूद भारत एवं पाकिस्तान के बीच संबंधों में सुधार की हर कोशिश कश्मीर की बर्फानी चट्टानों से टकराकर दम तोड़ देती है।

हमें हाई स्कूल के दिनों में अंग्रेजी का एक मुहाविरा पढ़ाया जाता था—'बोन आफ कंटेन्शन' (झगड़े की जड़)। किताबों में इसके प्रयोग के तौर पर जो वाक्य लिखा रहता था या जो शिक्षक बताते थे वह प्रायः होता था—'कश्मीर इज़ दि बोन आफ कंटेन्शन बिट्वीन इण्डिया एण्ड पाकिस्तान' (कश्मीर भारत-पाकिस्तान के बीच झगड़े की जड़ है)। आज आजादी के बाद की तीसरी पीढ़ी भी यही वाक्य पढ़ने को अभिशप्त है। यह प्रसंग इस बात का भी संकेत है कि

कश्मीर के सवाल को किस तरह भारतीय मानस में बैठाया गया है। यही बात पाकिस्तानी मानस के लिए भी सच है। इस बात को समझे बिना भारत-पाक संबंध में सुधार की दिशा में सार्थक पहल संभव नहीं है।

पिछले पचास साल के अनुभव बताते हैं कि भारत-पाक संबंध को किसी पारंपरिक वैदेशिक नीति के ढांचे के अनुसार नहीं समझा जा सकता। दोनों देशों के संबंधों में बेहतरी सिर्फ राजनयिक मामला नहीं है। इतिहास की यह विडम्बना ही रही कि भारतीय राष्ट्रवाद या पाकिस्तानी राष्ट्रवाद एक-दूसरे की शत्रुता से परिभाषित होता रहा। कश्मीर इस खेल में एक बहुत बड़े औजार के रूप में व्यवहृत होता रहा है। दोनों देशों के हुक्मरानों ने अपने राजनीतिक स्वार्थ में इस सवाल को इस तरह उलझाया है कि यह दोनों देशों की एक संवेदनशील ग्रंथि बन गई है और दोनों देशों की जनता इससे उबर नहीं पा रही है।

यहां यह बात भी ध्यान देने लायक है कि सामरिक हथियारों पर अपरिमित व्यय दोनों देशों के बीच तनाव का ही नतीजा है। इस तनाव ने दोनों देशों के करोड़ों लोगों के आर्थिक अवसर छीने हैं और उन्हें सामाजिक कलह में झोंक दिया है। दो राष्ट्रों के आपसी संबंधों की यह खास स्थिति है और जन-जागरूकता इसमें सुधार के लिए अत्यंत जरूरी है। अब अगर परमाणु-अस्त्रों की होड़ इन दोनों पड़ोसियों के बीच शुरू होती है तो पहले से ही आर्थिक तबाही झेलते इन देशों की आम जनता की दुर्गति की कल्पना सहज ही की जा सकती है।

इसलिए समझदारी की बात तो यही है कि अपनी परमाणु-शक्ति-सम्पन्नता को युद्ध निरोधक के रूप में स्वीकार करते हुये नये आत्मविश्वास के साथ दोनों देश कश्मीर समस्या के निर्णायक समाधान की ओर बढ़ें। पाकिस्तान एवं भारत एक दूसरे से खतरे की रट छोड़ें क्योंकि अब किसी के 'विजेता' बनने की संभावना ही खत्म हो चुकी है। मिल-जुलकर दोनों देश कश्मीर के सवाल को हल करें और अपने राष्ट्रीय संसाधनों को हथियारों में झोंकने के बदले आम जनता के आर्थिक-सामाजिक विकास में लगायें। एक-दूसरे पर दोषारोपण करते हम पचास साल गुजर चुके हैं।

जैसा कि हम पहले कह चुके हैं कि भारत-पाकिस्तान का मामला महज एक वैदेशिक या राजनयिक मामला नहीं है। यह ऐतिहासिक कारणों से दोनों देशों की जनता के बीच सीधे संबंध का भी मामला है। जब तक दोनों देशों की जनता की भावनाओं को एक-दूसरे के विरुद्ध भड़काकर उससे राजनीतिक लाभ उठाने की संभावना बनी रहेगी, तब तक सरहदों के दोनों ओर नेता ऐसा करते रहेंगे। इसलिये दोनों ओर के शांतिकांक्षी-विवेकशील लोगों द्वारा एक सतत् बौद्धिक-सामाजिक अभियान चलाकर आम जनता को असलियत से परिचित कराने की जरूरत है। दोनों तरफ आम जनता के दृष्टिकोण में परिवर्तन ही नेताओं को सार्थक द्विपक्षीय वार्ता एवं कश्मीर सहित अन्य समस्याओं के सौहार्दपूर्ण हल के लिए बाध्य करेगा, क्योंकि तब समस्याओं को बरकरार रखकर उनके अपने निहित राजनीतिक स्वार्थ में इस्तेमाल की गुंजाइश ही कहाँ बचेगी?

संक्षिप्त-लेखन

भारत-पाकिस्तान सम्बन्ध

हमारी स्वतंत्रता के पचास वर्ष से अधिक हो रहे हैं। यही बात पाकिस्तान के लिये भी सच है। इस बीच दोनों देशों के बीच दूरी घटने के बजाय बढ़ती ही गई है। किन्तु दोनों देश परमाणु-विस्फोट करके अब परमाणु-शक्ति-सम्पन्न देश हो गये हैं। इसलिए दोनों के बीच शक्ति का महत्व पहले से कहीं अधिक हो गया है।

भारत और पाकिस्तान के बीच तनाव या विग्रह का सबसे बड़ा कारण कश्मीर है। इसे इतिहास की देन भी कह सकते हैं और दोनों देशों के राजनेताओं के राजनीतिक स्वार्थ का परिणाम भी। पर आज यह दोनों देशों के लिए संवेदनशील ग्रन्थि बन गया है। इसका एक सीधा प्रतिफल यह है कि जो धन जनता की भलाई के कामों में लगना चाहिये था, वह दोनों देश अधुनातन सामरिक आयुधों के संग्रह में व्यय कर रहे हैं।

अतः आवश्यक है कि दोनों देशों के बुद्धिजीवी वास्तविकता को समझें और दोनों ओर की जनता में एक दूसरे के विरुद्ध भावनाओं को भड़काने वालों की स्वार्थपरता का पर्दाफाश करें। दोनों ओर की आम जनता के दृष्टिकोण में परिवर्तन से ही कश्मीर समस्या का समाधान संभव होगा।

प्रश्न : निम्नांकित गद्यांश का संक्षेप प्रस्तुत कीजिये।

हाल के वर्षों में अमेरिका पर इस्लामिक आतंकवाद की सबसे भयंकर गाज तब गिरी जब ओसामा बिन लादेन के अल क्यूईदा आतंकवादी समूह ने उसके केनिया और तंजानिया स्थित दो दूतावासों को बम से उड़ा दिया। इस काण्ड में 257 लोग मौत के शिकार हो गये जिसमें 12 अमेरिकी भी थे। घायलों का कोई हिसाब नहीं। बिन लादेन ने इन धमाकों के बाद एलान किया कि इस कार्रवाई से वह अमेरिका और बाकी पश्चिमी देशों के खिलाफ जेहाद शुरू कर रहे हैं और उनका लक्ष्य मुसलमानों की धार्मिक जमीनें और यरूशलम, मक्का, मदीना आदि को पश्चिमी ताकतों से मुक्त कराना है।

तिलमिला कर अमेरिका ने इसका जवाब 20 अगस्त, 1998 को क्रूज़ टोमाहॉक मिसाइल फायर करके दिया। मिसाइलों का निशाना अफगानिस्तान के अन्दर, तालिबान द्वारा संरक्षित और पाकिस्तान द्वारा प्रशिक्षित उन छह आतंकवादी प्रशिक्षण केन्द्रों पर था जिनका संबंध बिन लादेन और उनके आतंकवादी समूह अल क्यूईदा से था। अमेरिका ने अपने इन दो स्वतंत्र देशों पर हमले को यह कहकर जायज़ ठहराया कि उसने यह कार्रवाई अपनी आत्मरक्षा के लिए संयुक्त राष्ट्रसंघ के नियम 51 के तहत की है।

चाहे वह आज का तालिबान हो या ओसामा बिन लादेन व उनका अल क्यूईदा आतंकवादी समूह, सब के सब अमेरिका और पाकिस्तान द्वारा ही प्रशिक्षित किये गये हैं और आज अत्याधुनिक हथियारों से लैस हैं। अफगानिस्तान में रूस से अपनी वियतनाम हार का बदला लेने और उसको पीछे खदेड़ने के लिए अमेरिका ने मुजाहदीनों का सहारा लिया था। ये मुजाहदीन मोरक्को, सऊदी अरब, अफगानिस्तान, मिस्र, लेबनान और पाकिस्तान के

कट्टरतावादी मुसलमान नागरिक हैं जिनका लक्ष्य इस्लामिक जेहाद है। ओसामा बिन लादेन सऊदी अरब के करोड़पति हैं जो अपनी सम्पत्ति और सांसारिक सुखों को त्यागकर मुजाहदीन बन गये और खतरों से भरी जिन्दगी का रास्ता चुन लिया। उन्होंने अपनी सारी सम्पत्ति इसी जेहाद और आतंकवाद को बढ़ाने के रास्ते में लगा दी। यही कारण है कि आज तालिबान में और आतंकवादी मुजाहदीनों में उनकी बहुत लोकप्रियता है और साख भी।

अगर अमेरिका जवाबी हमले नहीं करता तो हो सकता है तालिबान, जिसने आज पूरे अफगानिस्तान पर कब्जा कर लिया है और जो बिन लादेन को अफगानिस्तान में सुरक्षा दे रहा है, चुपचाप अमेरिका को बिन लादेन को सौंप देता। अमेरिका चाहता भी यही है। अमेरिका को तालिबान की जरूरत है, अपने सामरिक हितों की देखभाल के लिए। तालिबान के अफगानिस्तान में सत्ता में होने पर अमेरिकी तेल कम्पनियां मध्य एशिया के तेल को अफगानिस्तान और पाकिस्तान के रास्ते से निकाल सकती हैं और अमेरिका शिया मुसलमानों की आबादी वाले ईरान पर सुन्नी तालिबान के जरिये दबाव बनाकर रख सकता है। अपनी सत्ता अफगानिस्तान में बनाये रखने के लिए तालिबान को भी अमेरिकी मदद की जरूरत है, पर उनकी उलझन यह है कि अगर वह बिन लादेन को अमेरिका को सौंप देते हैं तो उनकी साख पूरी मुस्लिम दुनिया में गिर जायेगी। यही नहीं तालिबान के मुजाहदीनों में भी विद्रोह हो सकता है।

पाकिस्तान, जो कि तालिबान का सबसे बड़ा हिमायती है, वह भी अमेरिका की इस मसले में कुछ मदद नहीं कर सकता। अगर पाकिस्तान इस विवाद में अमेरिका का पक्ष लेता दिखायी पड़े तो पाकिस्तान के अन्दर भी काफी उथल-पुथल हो सकती है। पाकिस्तान की कट्टरपंथी जमायते इस्लाम पार्टी को ऐसे ही मौके की तलाश है जो वहां की सरकार गिराने का कोई बहाना ढूंढ़ रही है। अमेरिका इस समय एक महाशक्ति है और उसकी सामरिक महत्व की सम्पदायें पूरी दुनिया में फैली हैं। इसी प्रकार अमेरिकी पर्यटक भी सारी दुनिया में भ्रमण करते रहते हैं। इन सबको सुरक्षा प्रदान करना अमेरिका के लिए असम्भव है। यही बिन लादेन और उनके आतंकवादी समूह के लिए आसान निशाने हैं। अमेरिका पर कट्टरपंथी मुस्लिम आतंकवादियों के और भी प्रहार होना निश्चित् है। सवाल है कब और कहां? अमेरिका हर कोशिश करेगा तालिबान से समझौता करने की, ताकि तालिबान मुस्लिम कट्टरपंथी गुटों जैसे अल क्यूईदा पर दबाव डाले कि वह अमेरिकी ठिकानों पर आतंकवादी हमला न करे। तालिबान को इसमें कितनी सफलता मिलती है, यह तो समय ही बतायेगा। मुस्लिम देशों में इस्लामिक कट्टरपंथी आतंकवाद को बढ़ावा देने, उसको पनपाने और फैलाने में आज पाकिस्तान का नाम सबसे आगे है। इस आतंकवाद की जड़ें पाकिस्तान और अफगानिस्तान में काफी गहराई तक हैं। पिछले एक दशक से एशिया में भारत इस आतंकवाद से जूझ रहा है और इसराइल भी इसी आतंकवाद के निशाने पर है। तालिबान की अफगानिस्तान में सफलता के बाद भारत पर भी खतरा बढ़ा है। अमेरिका भी इससे बचा नहीं रह सकता। अमेरिका यह आतंकवाद की लड़ाई क्रूज मिसाइलों से या हवाई हमलों से जीत भी नहीं सकता है। इस लड़ाई पर कामयाबी हासिल करने के लिए आगे बढ़कर आतंकवादियों से गुत्थमगुत्था करनी पड़ती है

और खून भी बहाना पड़ता है। जब तक अमेरिका अपना खून बहाने को तैयार नहीं है, यह लड़ाई नहीं जीत सकता।

आज यह ज़रूरी हो गया है कि अमेरिका इस उभरते इस्लामिक आतंकवाद को गहराई से समझे और पाकिस्तान से सख्ती से निबटे। साथ ही भारत और इसराइल की इस आतंकवाद से जूझने में पूरी मदद करे। संयुक्त राष्ट्र संघ के तहत आतंकवाद को मानवता के खिलाफ एक घृणित अपराध का दर्जा दिया जाना चाहिये और जो भी देश या व्यक्ति इसको बढ़ावा देने में लिप्त हों उनको अंतर्राष्ट्रीय अपराधी मानकर उन पर सख्त से सख्त कार्रवाई की जानी चाहिए। अगर आज दुनिया के देश नहीं जागते हैं तो वह समय दूर नहीं जब यह आतंकवादी छोटे परमाणु बम पाने में सफल हो जायेंगे जिसकी वह पूरी कोशिश कर रहे हैं। फिर क्या होगा इसकी कल्पना करना भी मुश्किल है।

संक्षिप्त-लेखन

संयुक्त राज्य अमेरिका और इस्लामिक आतंकवाद

इस्लामिक जेहाद के प्रति समर्पित अरब के करोड़पति ओसामा बिन लादेन ने केनिया और तंजानिया-स्थित अमेरिकी दूतावासों में बम विस्फोट करके 12 अमेरिकी नागरिकों सहित 257 लोगों को मृत्यु के घाट उतार दिया तो तालिबान-नियंत्रित अफगान के ठिकानों और सूडान पर मिसाइल दाग कर अमेरिका ने बदला चुकाया। इस तरह इस्लामिक आतंकवाद और अमेरिका अब आमने-सामने हैं। ज्ञातव्य है कि इस्लामिक आतंकवाद को पैदा करने, बढ़ावा देने और सुसज्जित करने का काम अमेरिंका ने ही किया है। अब वह उसका परिणाम भोगने को अभिशप्त है। मिसाइलें दाग कर अमेरिका इस्लामिक आतंकवाद से पार नहीं पा सकता। न ही उसके कहने से तालिबान ओसामा बिन लादेन को अमेरिका को सौंपने को तैयार होंगे। अमेरिका पाकिस्तान और तालिबान पर सिर्फ राजनयिक दबाव डाल सकता है कि वे इस्लामिक आंतकवादियों को अमेरिकी ठिकानों को निशाना बनाने से रोकें। मध्य एशिया के देशों में अमेरिकी स्वार्थ इतना गहरा है कि वह उधर से आँख भी नहीं मूंद सकता। इस्लामिक आतंकवादी अणु-बम बनाने और पाने की कोशिश में भी हैं। अगर वे इसमें सफल हो जाते हैं तो अमेरिका और पश्चिमी देशों को वे खुलकर चुनौती देने की स्थिति में हो जायेंगे। इससे भारत के लिए भी खतरा बढ़ा जायेगा। अमेरिका को चाहिए कि वह संयुक्त राष्ट्र संघ को इस्लामिक आतंकवादियों के इस बढ़ते खतरे के खिलाफ मुहिम के लिए तैयार करे।

आदर्श संक्षिप्त-लेखन

प्रश्न : १—निम्नलिखित गद्यांश का संक्षिप्त-लेखन तैयार कीजिये जो मूल का तृतीयांश होः—

हम उस समाज में रहते हैं, जहाँ औरत को आज भी फैसले का हक़ हासिल नहीं है। बड़े फैसले तो जाने दीजिये, उसे तो यह तय करने का भी हक़ नहीं है कि उसकी कोख से कब और कितने बच्चे पैदा होंगे। हां, यह बात अलग है कि हमारे समाज ने बहुत तेजी से प्रगति की है। 1998 का भारत 1947 के भारत से एकदम भिन्न है। शहरों में भी, गांवों में भी

बदलाव के दौर आये। टेलीविजन, रेफ्रिजरेटर, टेलीफोन, कंप्यूटर, सेल्युलर फोन इतने आम समझे जाने लगे, जितना किसी जमाने में रेडियो भी नहीं था।

पंचायती-राज व्यवस्था हमारे देश के लिए नई नहीं थी, लेकिन गांधी जी की कल्पना थी कि आज़ादी के बाद इस व्यवस्था को फिर से सक्रिय कर पिछड़े, दलित व शोषित वर्गों को सत्ता में शामिल किया जाये। संविधान के जरिये पहले ही समानता के सिद्धांत को सुनिश्चित किया गया था। मूलभूत अधिकारों के अध्याय में लिंगों की समानता (भारतीय संविधान अनुच्छेद 14) निर्धारित की गई। यह माना गया कि कोई भी कानून जो धर्म, जाति, लिंग, वर्ग आदि के आधार पर भेद-भाव करेगा, संविधान के विरुद्ध होगा (भारतीय संवि. अनु. 15)। संविधान में बिना झिझक महिलाओं के वोट देने के अधिकार को स्वीकारा गया। आज़ादी से पहले देश के सभी राज्यों में महिलाओं को वोट देने का अधिकार नहीं था। मद्रास पहला राज्य था, जहां 1920 में महिलाओं को वोट देने का अधिकार दिया गया। 1921 में मुंबई में महिलाओं ने वोट का हक़ हासिल किया।

इस अद्वितीय व्यवस्था के बावजूद, जो लक्ष्य हमने तय किया था, वह पूरा न हो सका। पुरुष सत्तात्मक समाज में अभी भी पुरुषवादी व्यवस्था क़ायम थी। महिलाओं के सार्वजनिक जीवन को मान लेना इतना आसान न था। समाज के बहुत से कर्णधारों ने महिलाओं के प्रतिनिधित्व को लेकर भांति-भांति की आशंकायें व्यक्त कीं। चर्चा हुई कि इससे एक नये प्रकार की अराजकता का जन्म होगा। ऐसी तमाम आशंकाओं के बावजूद जहां-जहां भी महिलाओं ने पंचों और सरपंचों की कुर्सी पर क़दम रखा, उनके कार्यों और प्रयासों की खुलकर चर्चा हुई।

इसके बावजूद आरक्षण न होने, किसी विशेष प्रशिक्षण के अभाव, पुरुष साथियों द्वारा निंदा, चरित्रहीनता के आरोप, अन्य आरोप, अविश्वास प्रस्ताव व धमकियों से तंग आकर धीरे-धीरे महिलायें इस व्यवस्था से कटने लगीं।

सबसे पहले मई, 1989 में तत्कालीन प्रधानमंत्री राजीव गांधी ने खासे उत्साह से एक नया संविधान संशोधन (64 वां) विधेयक संसद में पेश किया। यह पंचायती-राज विधेयक के रूप में जाना गया। इसमें महिलाओं के लिए तीस प्रतिशत आरक्षण की बात थी। प्रधानमंत्री का मानना था कि यह विधेयक सरमायेदारों और सत्ता के दलालों को खत्म करेगा। इस विधेयक को संसद में मात खानी पड़ी।

फिर 1993 में 73 वें व 74वें संविधान संशोधनों के तहत पंचायती-राज निकायों को पुनः व्यवस्थित किया गया। महिलाओं को तीस फीसदी आरक्षण का हक़ मिला। पहली बार करीब आठ लाख महिला पंचों, सरपंचों व प्रतिनिधियों का सरकारी-तंत्र में प्रवेश हुआ। यही उनके राजनीतिक सबलीकरण का पहला ठोस क़दम था।

लेकिन सब कुछ इतने ही आराम से चलता रहता, यह कहां संभव था? आरोपों की बाढ़ फिर चली। आरोपियों ने कहा, इनके पुरुष (पिता, पति, बेटा) इनके स्थान पर शासन कर रहे हैं। परंतु क्या किसी की मदद लेना ही प्रॉक्सी प्रशासन है। फिर तो बड़े-बड़े नेताओं की किचेन कैबिनेट के बारे में भी यही कहा जा सकता है। आज संसद और विधान-सभाओं में आरक्षण को लेकर एक और बड़ी शंका उठी है। वह यह कि अब बड़े लोगों की बेटियां और बहुयें

टिकट पायेंगी। क्या ऐसी ही कुछ बात बेटों और दामादों के बारे में सच नहीं होती रही? तो फिर महिलाओं के लिए ही इस बात को क्यों उठाया गया?

यह हमारे देश के लिए चिंता की ही नहीं, अफसोस की बात भी है कि आज़ादी के पचास साल बाद महिलाओं को आरक्षण की ज़रूरत महसूस हुई। क्या यह ज़रूरत पहले महसूस नहीं की गई? ज़रूर की गई होगी, लेकिन कुछ वक्त तक इंतज़ार करना भी ज़रूरी था। शायद महिलायें ज़रूरत से ज्यादा इंतज़ार कर गईं। अब तक वह यही भरोसा करती रहीं कि संविधान के मौजूदा प्राविधान उनके हितों का संरक्षण कर पायेंगे, लेकिन ऐसा नहीं हुआ। इंतज़ार की इंतहा हो गई। निश्चित् रूप से उनके हितों पर लगातार हमले हुये। इसीलिए संविधान में संशोधन हेतु इतनी तिलमिलाहट पैदा हुई। सही रूप में देखा-जाना जाये तो इसमें महिलाओं का ही हित नहीं, यह समाज और देश की अपराधीकृत हो चुकी मौजूदा राजनीति के सुधार का भी जरिया है।

संक्षिप्त-लेखन

महिलाओं के लिए आरक्षण का प्रश्न

1998 का भारत 1947 के भारत से अनेक अर्थों में भिन्न है; किन्तु जहाँ तक महिलाओं के अधिकार का प्रश्न है, वह आज भी नहीं बदला है। हमारी महिलाओं को तो आज भी यह तय करने का अधिकार नहीं है कि वे कितने बच्चे पैदा करेंगी।

हमारे संविधान में बिना लिंग के भेद-भाव के महिलाओं को पुरुषों के साथ मताधिकार का हक़ प्राप्त है। आज़ादी के पहले यह हक़ कुछ ही राज्यों की महिलाओं को प्राप्त था। परन्तु अशिक्षा और पिछड़ेपन के कारण देश की जनतांत्रिक शासन-व्यवस्था में महिलाओं को आरक्षण देने की बात आई। 1993 के संविधान-संशोधन से पंचायती-राज निकायों में महिलाओं को आरक्षण का प्रावधान किया गया। इससे महिलाओं को कुछ आगे बढ़ने का अवसर मिला। पर इसका विरोध भी कम नहीं हुआ। अब जब संसद और विधान-सभाओं में महिला आरक्षण के लिए विधेयक लाया गया है तो कुछ हल्कों में इसका घोर विरोध और भी तेजी से आरंभ हो गया है। किन्तु सच यह है कि महिला-आरक्षण से न केवल महिलाओं का हित होगा वरन् देश की अपराधीकृत राजनीति को भी सुधारने का यही उपाय है।

प्रश्न : नीचे के गद्यांश का संक्षेप उसके एक तिहाई आकार में कीजिए—

कश्मीर सीमा पर इन दिनों युद्ध जैसी स्थिति बनी हुई है। हर रोज़ भारत और पाकिस्तान एक दूसरे के खिलाफ भारी गोला-बारूद का इस्तेमाल कर रहे हैं। राकेटों, मार्टरों तथा अन्य अत्याधुनिक हथियारों का खुलकर प्रयोग हो रहा है। वैसे तो कश्मीर सीमा पर दोनों देश गोलाबारी करते रहते हैं, पर इस बार गोलाबारी जिस तरह और जितनी हो रही है वह सच में अपने आप में चिंता का कारण है। दिल्ली के राजनीतिक हलकों में भी वर्तमान स्थिति को खासी गंभीरता से लिया जा रहा है। बहुत से सांसदों का तो यह भी मानना है कि भाजपा सरकार जम्मू-कश्मीर में लगातार हो रही मासूम लोगों की हत्याओं से कहीं इस क़दर खफा न हो जाये कि वह पाकिस्तान के खिलाफ़ जंग ही छेड़ दे। केन्द्रीय गृहमंत्री लालकृष्ण आडवाणी ने

इस बाबत संसद के हाल ही में समाप्त हुए बजट सत्र में पाकिस्तान के प्रति कड़े रवैये के संकेत दिये हैं। इसका कुछ असर भी हुआ है।

दोनों देशों के बीच संभावित युद्ध की संभावनाओं के कारण आम जनता खासी चिंतित है। व्यापारी वर्ग की भी यही स्थिति है। यह तथ्य किसी से छिपा नहीं है कि भारत और पाकिस्तान की मौजूदा आर्थिक स्थिति काफी खराब है। ऐसे में युद्ध दोनों देशों के लिए बर्बादी लेकर आयेगा। युद्ध की स्थिति में पाकिस्तान की अर्थव्यवस्था तो बिल्कुल नष्ट हो जायेगी। भारतीय अर्थव्यवस्था की स्थिति पाकिस्तान की तरह भले ही न हो, पर चरमरा तो वह भी जायेगी। मुद्रा-स्फीति चरम पर पहुँच जायेगी। हालत इस कदर खराब हो जायेगी कि किसी भी सरकार के लिये उसे पटरी पर लाना असंभव होगा।

युद्ध भारत और पाकिस्तान, दोनों के ही हित में नहीं है। दोनों देशों के राजनीतिक कर्णधारों को समझना होगा कि उनकी एक भूल दोनों देशों को बिल्कुल बर्बाद कर देगी। युद्ध मानवता के विरुद्ध अपराध होगा। राजनीतिक स्वार्थों के लिए युद्ध करना बेहद घातक साबित होगा। दोनों देशों की जनता किसी भी सूरत में युद्ध नहीं चाहती। इस तथ्य का अनुमान हाल ही में एक राष्ट्रीय दैनिक में छपे सर्वेक्षण से सहज ही लग जाता है जिसमें 80 प्रतिशत लोगों ने युद्ध से बचने की सलाह दी है। दोनों देशों की युवा पीढ़ी आर्थिक विकास, आधुनिक टेक्नोलॉजी, फैशन आदि क्षेत्रों में आगे बढ़ना चाहती है। उसे सीमा-विवाद, युद्ध आदि से कोई सरोकार नहीं है। दोनों देशों द्वारा किये गये ऐटमी धमाकों के कुछ माह बाद अब भारत और पाकिस्तान की जनता पर इन धमाकों का असर समाप्त हो गया है। दोनों में से किसी भी देश में यह चुनावी मुद्दा नहीं रहा है। भारत-पाकिस्तान के आपसी रिश्तों के पन्नों को पलटने से आसानी से पता चल जायेगा कि दोनों के संबंध नरसिंह राव, देवगौड़ा तथा गुजराल सरकारों के समय, बहुत ठीक थे। संबंधों में अविश्वास तथा कड़वाहट परमाणु धमाकों के पश्चात् बहुत अधिक हो गयी है। एक बात समझ लेना चाहिए कि यदि अगला युद्ध हुआ तो यह सन् 1965 तथा 1971 की तरह का नहीं होगा। वह बेहद भयावह तथा विनाशकारी होगा। अब दोनों देश अत्याधुनिक हथियारों से लैस हैं। कहने की आवश्यकता नहीं कि युद्ध होने की स्थिति में सर्वाधिक हानि दोनों ही मुल्कों की जनता को उठानी पड़ेगी। सब जानते हैं कि कश्मीर समस्या का हल हुये बिना हालात सामान्य होने वाले नहीं हैं। पाकिस्तान को कश्मीर के मुद्दे पर अधिक व्यावहारिक दृष्टिकोण अख्तियार करना चाहिए। उसे समझना चाहिए कि भारत पाकिस्तान को किसी भी कीमत पर कश्मीर देने वाला नहीं है। कश्मीर मुद्दा भारत और पाकिस्तान दोनों के लिये ही प्रतिष्ठा का प्रश्न बन चुका है। बेहतर तो यह होगा कि पाकिस्तान पी. ओ. के. अर्थात् पाकिस्तान अधिकृत क्षेत्र से खुश रहे और भारत संतुष्ट रहे उस क्षेत्र से जो उसके कब्जे में है।

इस स्थिति से छेड़-छाड़ करने का अर्थ है युद्ध—और अब इस बात की भी क्या गारंटी है कि अगले युद्ध में परमाणु हथियारों का इस्तेमाल नहीं होगा। यदि ऐसा होता है तो सिर्फ विनाश ही होगा हर तरफ। पूरी दुनिया प्रभावित होगी उस स्थिति में। कुछ समय पहले कोलम्बो में हुए दक्षेस सम्मेलन में पाकिस्तान का रवैया बेहद निराशाजनक रहा। उसने विदेश

सचिव वार्ता को जारी न रखने का फैसला ले लिया। कश्मीर समस्या के हल की अब भी तमाम संभावनायें बची हैं। बेहतर होगा कि दोनों देश इस मसले को कुछ समय के लिए अलग रखकर अन्य मसलों को हल करने की बाबत कार्य करें। एक बार शक के बादल छंटने पर कश्मीर मसले पर भी चर्चा की जा सकती है। इस मुद्दे पर कड़ा रुख अपनाने से तो कोई लाभ न होगा।

संक्षिप्त-लेखन

कश्मीर-सीमा पर विस्फोटक स्थिति

कश्मीर-सीमा पर पाकिस्तान और हिन्दुस्तान दोनों ओर से नित्य गोलाबारी से स्थिति खतरनाक बन गई है। कुछ लोगों को भय है कि दोनों देशों के बीच कहीं खुला युद्ध न छिड़ जाय। ऐसा हुआ तो आर्थिक कठिनाइयों से जूझते हुए दोनों देशों की हालत और भी खराब हो जायेगी— पाकिस्तान की हालत तो हिन्दुस्तान से भी गई बीती बन जायेगी। एक समाचार पत्र द्वारा किये गये सर्वेक्षण से यह तथ्य सामने आया है कि दोनों देशों की जनता के 80 प्र. श. लोग युद्ध नहीं चाहते।

देवगौड़ा और गुजराल सरकारों के समय पाकिस्तान के साथ सम्बन्धों में सुधार के कुछ लक्षण दिखाई देने लगे थे। किन्तु दोनों देशों द्वारा परमाणु विस्फोट करने के बाद आपसी सम्बन्धों में कडुवाहट अपने चरम पर पहुंच गई है। दोनों के बीच युद्ध छिड़ने की स्थिति में कौन कह सकता है कि उसमें परमाणु-शक्ति का प्रयोग नहीं होगा?

इसलिये दोनों की खैरियत इसी में है कि कश्मीर मामले को अधिक तूल न दें और अच्छा होगा कि दोनों ही कश्मीर के उतने हिस्से से संतुष्ट रहें जो प्रत्येक के अधिकार में इस समय है।

प्रश्न : निम्नांकित गद्यांश का संक्षेप कीजियेः—

अंतर्राष्ट्रीय श्रम संगठन की नवीनतम रिपोर्ट से रोजगार संबंधी जिस विश्वव्यापी दृश्य की कल्पना उभरती है, वह भयावह तो है ही, किन्तु हमारी मौजूदा विकास नीति पर भी बड़े सवाल खड़े करती है। रिपोर्ट के अनुसार पिछले एक वर्ष में ही एक करोड़ लोग जो काम कर रहे थे, बेरोजगार हुये हैं। रिपोर्ट का दूसरा निष्कर्ष है कि एक अरब मजदूर जो दुनिया भर के कामगारों की एक तिहाई हैं या तो बेकार हैं या उन्हें अर्द्ध-रोजगार ही मिला हुआ है। और अगर हम इसी परिदृश्य को एशियाई देशों में उत्पन्न आर्थिक महामंदी और उसके विश्वव्यापी असर के परिपेक्ष्य में देखें तो बड़ी आसानी से यह भविष्यवाणी कर सकते हैं कि आने वाले दिनों में यह संकट बढ़ने वाला है। जहां तक भारत का सवाल है, रिपोर्ट में हमारी तारीफ हुई है और इसके लिए हमारे यहां कम्प्यूटर शिक्षा और प्रशिक्षण के व्यापक कार्यक्रम को जिम्मेवार बताया गया है। पर यह बात एक सीमा तक ही सही लगती है, क्योंकि सॉफ्टवेयर के निर्यात के अलावा कम्प्यूटर का यह पूरा वर्क-फोर्स अभी हमारे लिये कोई खास उत्पादक कार्य नहीं कर रहा है। उल्टे, इससे अन्य क्षेत्रों में हमारे यहां भी रोजगार के अवसर घटे हैं। इसलिये कम्प्यूटर को 'देवता' मानना उचित नहीं है। हमारे यहां बेरोजगारी की मार ज्यादा नहीं पड़ी है। वह इसलिये कि अर्द्ध-रोजगारी की स्थिति में जीने की आदत हमारे लोगों को हो गई है। और

दूसरा कारण है, अभी भी हाथ से काम करने वाले व्यवसायों का बचे रहना। जूता, हस्तशिल्प, सिले-सिलाये वस्त्र जैसे अनेक क्षेत्र हैं जिनमें निर्यात हो या देशी बाजार, अभी भी हाथ का काम बेहतर होता है और बेहतर माना जाता है। डॉलर-रुपये की विनिमय-दर में घपला भी रोज़गार के कुछ अवसर दिला देता है। दो डॉलर पर तो कहीं मजदूर नहीं मिलते पर अपने यहां उसी के 85 रुपये में तो एक-से-एक अच्छे कारीगर मिल जायेंगे।

रिपोर्ट में आज की स्थिति का विवरण तो ठीक है पर इस स्थिति से उबरने का कोई रास्ता नहीं सुझाया गया है। शायद यह उसका विषय भी नहीं था। पर जो स्थिति बनी है उसमें मौजूदा विकास-नीति पर भी सवाल उठाये जाने चाहिये।, साम्यवादी व्यवस्था तो अपना बोझ न उठाने के चलते ढह चुकी है। पर भूमंडलीकरण का अभियान चलाने वाली संस्थाओं, देशों और व्यक्तियों को यह जिम्मेवारी भी लेनी होगी। जो लोग दुनिया के सारे संसाधनों, सारी प्रतिभाओं, सारे बाजारों तक पहुंचना चाहते हैं और उसके लिये साम, दाम, दंड, भेद सब कुछ अपना रहे हैं उन्हें कुछ जिम्मेवारियां भी लेनी होंगी। यह रिपोर्ट यही रेखांकित करती है।

संक्षिप्त-लेखन

बेरोजगारी की समस्या

अन्तर्राष्ट्रीय श्रम संगठन की नवीनतम रिपोर्ट के अनुसार पिछले एक वर्ष में एक करोड़ लोग जो काम कर रहे थे, बेरोजगार हो गये हैं और दुनिया-भर में एक अरब मजदूरों या अर्द्ध-रोजगार पर जीने वाले मजदूरों के बेकार होने की आशंका है। यह दृश्य सचमुच भयावह है।

भारत के बारे में रिपोर्ट का कहना है कि कम्प्यूटर शिक्षा और प्रशिक्षण के चलते यहां बेरोजगारी कम हुई है। पर यह आंशिक सत्य है। कम्प्यूटर ने जहां कुछ को रोजगार दिया है वहां बहुतों को बेरोजगार बना दिया है। यहाँ हाथ से अब भी अनेक उत्पाद तैयार होते हैं जिनके निर्यात या देश में खपत से रोजगार के अवसर उपलब्ध हैं। विकास की दौड़ में यंत्रीकरण पर जोर होने से मशीनें आदमी का स्थान हड़पती जा रही हैं। संसार के संसाधनों पर जो लोग हावी हैं, उन्हें रोजगार के क्षेत्र में भी अपने दायित्व का ध्यान रखना चाहिए।

प्रश्न : नीचे लिखे गद्यांश का संक्षिप्त-लेखन उसके एक तिहाई में कीजिये—

प्रतियोगिता के इस युग में अपनी पहिचान बनाने की सतत् कोशिश में लगे युवा को 'पंछी करे न चाकरी, अजगर करे न काम, दास मूलक कहि गये सबके दाता राम' जैसे उवाचों में छिपा खतरा भी नजर आने लगा है। संस्कृति और समय की कीमत की कद्र करने की उनकी आदतों के लिये उसके पास प्रशंसा के पर्याप्त बोल हैं। शायद इसीलिए पिछड़ा माने-जाने वाले उत्तर प्रदेश का युवा भी अब व्यावसायिक नजरिया अपनाना चाहता है। लेकिन सफलता कैसे पाई जाय, इसमें वह गड्ड-मड्ड हुआ जा रहा है। तभी किसी भी तरह से हासिल की गई सफलता की पश्चिमी अवधारणा के मुद्दे पर युवा दो खेमों में बंट गया है। आधे युवा सिर्फ अंतिम परिणाम यानी सफलता से मतलब रखना चाहते हैं, तो आधे साधन व साध्य दोनों की पवित्रता के पारम्परिक भारतीय मूल्य को सही ठहराते हैं। कुल मिलाकर इस मुद्दे पर युवाओं की आस्था दरकती नजर आती है। फिर दरके भी क्यूं न, लालफीताशाही और भ्रष्टाचार से

सराबोर तंत्र उसके सामने आदर्श के रूप में है और बेरोजगारी का दंश चारों तरफ से चुभ रहा है। अपहरण, लूटमार या फिर अनुचित साधनों से पैसा कमाने के धंधे में युवाओं की बढ़ती भागीदारी नीति-नियामकों के लिए खतरे की घंटी है। इस तरफ अविलम्ब ध्यान न दिया गया तो शायद सिर से पानी गुजर जायेगा।

पश्चिम की आबोहवा के झोंके से कुछ नुकसान हुए हैं तो कुछ फायदे। मध्ययुगीन भारतीय दकियानूसी प्रथाओं, मसलन घूंघट व कर्मकाण्ड एवं गैर-जरूरी चोंचलेबाजियों के विरोध में युवाओं के स्वर मुखर हुये हैं। धर्म और जाति की जटिलताओं से भी युवा अब बाहर आने की ललक में दिखता है। कुल मिलाकर यू.पी. के युवाओं की सोच में आये इस परिवर्तन का थोड़ा श्रेय पश्चिम की प्रगतिशील विचारधारा को भी जाता है। पश्चिम में नारी की बेहतर स्थिति भी हमारे युवाओं को प्रभावित कर रही है। लिहाजा हमारे यहां आधी आबादी को मिले दोयम दर्जे पर युवाओं, खासकर महिलाओं, को एतराज है। संसद में इस या उस बहाने महिलाओं के अधिकारों को आरक्षित न करने वालों के लिये आने वाले दिनों में परेशानियां और बढ़ें तो ताज्जुब नहीं। आखिर नई पीढ़ी इस मुद्दे पर करवट ले रही है।

तमाम नातों-रिश्तों और सुदृढ़ सामाजिक ताने-बाने के बीच पले-बढ़े युवाओं को व्यक्तिवाद पर आधारित पश्चिमी जीवन-शैली रास नहीं आयी है। शायद इसीलिये वे पश्चिम के अति भौतिकवाद को हमारे सामाजिक मूल्यों के लिए खतरा मानते हैं। व्यक्तिवाद पर आधारित पश्चिमी जीवनशैली स्वार्थपरता और स्वयं के लिए सुख-सुविधायें जुटाने के लिए प्रेरित करती है। समाज के प्रति उसमें उत्तरदायित्व की भावना कम होती है। लेकिन सुख-दुख सबके साथ बांट कर चलने की भारतीय प्रवृत्ति के चलते ही शायद युवा भौतिकवाद की इस प्रवृत्ति को लेकर चिंतित है, जो स्वार्थी बनाता है। युवाओं की चिंता यह भी स्थापित करती है कि कहीं-न-कहीं भौतिकवाद समाज में अपनी पैठ बना रहा है और युवा भी इससे अछूता नहीं है। इस समस्या से निजात युवा वर्ग भारतीय संस्कृति में ही ढूंढ़ते हैं, तब उन्हीं के बीच में इसका समाधान भी आता है कि सुख इसमें नहीं है कि पश्चिम की तर्ज पर व्यक्ति अपनी जरूरतें कितनी बढ़ा लें बल्कि सुख तो अपनी जरूरतों को सीमित करने में है। बहरहाल इस सर्वेक्षणात्मक सवालों-जवाबों ने यह साबित कर दिया है कि जड़ें मजबूत हों तो तेज हवाओं के चलने पर महज पत्ते टूटते हैं या फिर कुछ शाखें टूटती हैं, मगर वृक्ष कभी नहीं गिरता। जरूरत इन्हीं जड़ों को मजबूत बनाये रखने की है। और यह जिम्मेदारी सबकी है।

संक्षिप्त-लेखन

युवा वर्ग की सोच

उत्तर-प्रदेश का युवा वर्ग भी अब व्यावसायिक दृष्टिकोण अपनाने लगा है। पर यह वर्ग दो खेमों में बँटा है। एक का मानना है कि व्यावसायिक सफलता जैसे भी मिले उसे प्राप्त करना चाहिये, दूसरा वर्ग साध्य के साथ साधन की पवित्रता पर भी बल देता है। यह वर्ग भारतीय मूल्यों में आस्था रखने वाला है, पर भ्रष्टाचार से पूर्ण आज के सामाजिक परिवेश में न साध्य पवित्र रह सकता है और न साधन।

सदाचरण के स्खलन का अधिकतर दायित्व पाश्चात्य प्रभाव पर थोपें तो उस प्रभाव के कुछ शुभ परिणाम भी सामने आये हैं। उदाहरण के लिए कर्मकांडी दकियानूसीपन से हमारा युवा वर्ग मुक्त हुआ है और महिलाओं के अधिकारों के बारे में भी उसका रुख बदला है। पश्चिम का भौतिकवाद और व्यक्तिवाद भी हमारे युवा वर्ग को रास नहीं आ रहा है। यह शुभ लक्षण है। बाहर से कुछ प्रभाव लेना आज के जमाने में अपरिहार्य है, लेकिन अपनी जड़ों से नाता बनाये रखना भी जरुरी है। हमारा युवा वर्ग इसी रास्ते पर चल रहा है।

प्रश्न : नीचे अवतरित गद्यांश का संक्षेप लगभग 200 शब्दों में कीजिये—

भारत-चीन विवाद अभी नहीं सुलझा है। भारतीय भूमि पर चीन का अभी भी कब्जा है। जितनी लम्बी सीमा पर चीन से हमारा विवाद है उतना और किसी पड़ोसी से नहीं है। जिस भूखंड पर भारत की संवैधानिक सरकारें चल रही हैं उस पर चीन भी अपना दावा करता है। दुनिया मान रही है कि चीन भारत से अधिक शक्तिशाली है, इसलिये चीन से इस तरह का विवाद बने रहना कभी भी खतरा पैदा कर सकता है। संसद और बौद्धिक वर्ग इस वास्तविकता से मुंह चुरा रहे हैं। लोग चर्चा करने से कतराते हैं। यह चीन के सामने भारतीय शिक्षित वर्ग की भीरुता है। शायद हमारी सेना के अधिकारियों का भी यही रुख है। चीन कहता है कि जो भी विवाद है उसको वैसे ही रहने दो। 20-25 साल के लिए चर्चा स्थगित रहे। भारत के शासक वर्ग को यह आसान रास्ता लगता है, क्योंकि अप्रिय और तकलीफ-देह बातचीत और विवाद से इनको छुटकारा मिल रहा है। अगली पीढ़ी की सरकार और अगली पीढ़ी के शासकों को अगर चीन से संघर्ष करना पड़ेगा तो पड़े, हमारा जीवन तो शांति में बीते। जो ईमानदार और देशभक्त शासक होता है, उसका लक्ष्य रहता है कि पुराने और वर्तमान की उलझनों को अपने ही काल में सुलझा दें ताकि भविष्य की पीढ़ी ज्यादा शांति में रहे और वह देश-निर्माण, सभ्यता-निर्माण के कामों में लगे। भावी पीढ़ियों के लिए विवादों का उत्तराधिकार छोड़ जाना एक अयोग्य सरकार और अकर्मण्य शासक वर्ग का लक्षण है। 1962 के बाद से चीन के साथ एक इंच का भी समझौता नहीं हुआ है। समझौते के द्वारा न कोई जमीन वापस आयी है और न कहीं सीमाओं का स्पष्ट निरूपण हुआ है। यहां तक कि वास्तविक नियंत्रण-रेखा पर भी कोई सहमति नहीं है। इसका मतलब है कि चीन अगर सीमावर्ती किसी इलाके पर कब्जा कर लेगा तो उसको हमलावर कहने के लिए भारत के पास कानूनी आधार कुछ भी नहीं होगा।

भारत की उत्तरी सीमा की इस दयनीय स्थिति के बारे में चुप्पी बनाये रखना कम्युनिस्टों से लेकर भाजपा तक सारे राजनैतिक दल और उनके बुद्धिजीवी समर्थक चाहते हैं। समस्या जितनी पुरानी हो जायेगी, भारत का पक्ष उतना ही कमजोर होता जायेगा क्योंकि चीन की अंतर्राष्ट्रीय साख बढ़ रही है। भीरुता से बेहतर है कि हम अपनी कमजोरी को अपने अंदर स्वीकार करें और नुकसान मोल लेकर भी एक समझौता कर लें, ताकि धन और बौद्धिक ऊर्जा का इतना बड़ा हिस्सा प्रतिरक्षा की चिंता में बरबाद न हो। यह भी जान लें कि हमारी प्रतिरक्षा खर्च की बढ़ोत्तरी हमारी सीमाओं को अधिक सबल नहीं बना रही है। क्या परमाणु-परीक्षण हो जाने के बाद चीन के साथ बातचीत में बाजपेयी सरकार एक भी कदम आगे बढ़ पायेगी? क्या वह कोई एक भी समझौता भारत के पक्ष में कर पायेगी जो इंदिरा गांधी से गुजराल तक नहीं कर पाये थे?

भारतीय शासक वर्ग का चीन के प्रति यह भीरुतापूर्ण रुख पाकिस्तान का प्रसंग आ जाने पर औदात्य में परिणत हो जाता है। मजबूत राष्ट्र के साथ जो विवाद है उसके बारे में कभी हल्ला हो

गया तो उसको दबा देना और पाकिस्तान के विवाद को भारतीय वैदेशिक नीति को प्रतिरक्षा नीति का केन्द्र बनाकर रखना इंदिरा गांधी की तरह वाजपेयी की भी नीति है। भारत का बम भारत की पाकिस्तान नीति की ही उपज है। उसको पाकिस्तान बम कहना अनुचित नहीं होगा। त्रासदी यह है कि इस बम के होने से भारत-पाक विवाद में कोई कमी नहीं होने वाली है। इससे पाकिस्तान झुकेगा नहीं। पाकिस्तान चाहता है कि यह विवाद अंतर्राष्ट्रीय बने। वही हो रहा है। उसके बाद भारत जहां-जहां अन्तर्राष्ट्रीय मंचों पर गया है, सब जगह भारत को रक्षात्मक जवाब देना पड़ा है। आज भारत सरकार सी.टी.बी.टी. पर हस्ताक्षर करने के बहुत नजदीक आ चुकी है।

पाकिसतान अवश्य भारत से कमजोर है। लेकिन इसका मतलब यह कतई नहीं है कि भारत उसको पराजित कर अपनी बात मनवा लेगा। पाकिस्तान का अंतर्राष्ट्रीय संबंध उसका कवच है। हम आधे मन से अमेरिका के गुलाम हैं और पाकिस्तान पूरे मन से; भारत के विशाल बाजार पर अमेरिका की लोलुप दृष्टि रहने पर भी वह पाकिस्तान को भारत के द्वारा अपमानित नहीं होने देगा। इसलिये भी कि भारत का समर्पण अधूरा होने पर भी वह हमेशा नियंत्रण में रहेगा। चीन-पाकिस्तान-अमेरिका संबंध के त्रिकोण को मजबूत होने से रोकने में भारतीय कूटनीति विफल रही है। सच कहें तो भारतीय कूटनीति ने कभी इस पर काम ही नहीं किया है। बाजपेयी के बम ने इस त्रिकोण को अधिक मजबूत और शत्रुतापूर्ण किया है। आज का जो शक्ति-संतुलन अंतर्राष्ट्रीय राजनीति में बना हुआ है उसके रहते हुए भारत की कोई सरकार युद्ध या हथियार-प्रदर्शन से कश्मीर समस्या का समाधान नहीं कर पायेगी। भाजपा सरकार अगर दस या पंद्रह साल भी गद्दी पर टिक जायेगी तब भी उसकी वर्तमान नीति से भारत के पक्ष में कोई समाधान नहीं होने वाला है। करोड़ लोगों की रोटी छीनकर हम एक सौ बम भी बना लें तो भी कांग्रेस-भाजपा नीति के तहत कश्मीर का समाधान नहीं होने वाला है। बम की कसौटी को ठोस बनाइये— बम किसलिये?

संक्षिप्त-लेखन

हम चीन और पाकिस्तान से कैसे निपटें?

1962 में चीन ने हमारे देश पर हमला करके हमारी जितनी भूमि हथिया ली थी वह अब भी उसके अधिकार में है। दोनों देशों के बीच नियंत्रण-रेखा भी स्पष्टता से तय नहीं है। इसलिये चीन अगर हमारी कुछ और जमीन हड़प ले तो हमें यह कहने का कोई आधार नहीं होगा कि चीन ने हमारे देश पर पुनः हमला किया है। हमारी सरकार, हमारे बुद्धिजीवी, हमारे नेतागण सभी चीन से जैसे घबराते हैं और उसके साथ उलझे विवाद को अगली पीढ़ी के लिए छोड़ जाने में ही अपनी खैरियत समझते हैं। कायरता की इससे बड़ी मिसाल क्या हो सकती है?

समस्या जितनी पुरानी होती जायेगी, चीन का दावा उतना ही मजबूत होता जायेगा। चीन की अन्तर्राष्ट्रीय साख में दिनों-दिन वृद्धि हो रही है। हमारी सैनिक शक्ति में कमी नहीं है, वरन् उसमें वृद्धि ही हुई है। परमाणु विस्फोट करके हम परमाणु-शक्ति के मामले में भी चीन के समकक्ष तो हो गये हैं पर इतना सब होने पर भी युद्ध के द्वारा भारत-चीन समस्या का हल नहीं होगा। न इसके लिए हम तैयार ही हैं। पाकिस्तान जरूर भारत से कमजोर है। लेकिन उससे भी युद्ध द्वारा निपटने की बात सोचना मूर्खता होगी। अतः क्यों नहीं चीन और पाकिस्तान से कोई समझदारी पूर्ण समझौता कर लिया जाय?

प्रश्न—निम्नलिखित गद्यावतरण का संक्षिप्त लेखन उसके एक तिहाई आकार में कीजिये।

गद्यांश—इस समय अविश्वास अनास्था, बिखराव तथा मूल्यहीनता का जो वातावरण है, उसमें पूरे भरोसे के साथ कुछ कहना मुश्किल है। 'कर्मण्येवाधिकारस्ते—इतना कहकर संतोष माना जा सकता है। लेकिन एक शुभ बात यह है कि अब देश में हर जगह यह चेतना बढ़ रही है कि देश की समस्याएं केवल सरकार की शक्ति से हल नहीं हो सकतीं। आज दलों के बीच समस्याधारित राजनीति की बात कही जा रही है। अगर दलीय राजनीति में राजनैतिक सहमति और सहयोग का समान आधार बन सकता है तो जनता एक मंच पर क्यों नहीं आ सकती? पॉलिटिकल एक्शन को दलों तक सीमित क्यों माना जाना चाहिए? पीपुल का पॉलिटिकल एक्शन संभव है और अधिक प्रभावशाली भी। जनता के मंच पर सबके लिए स्थान है। जन-आंदोलन में व्यक्ति, समूह, संगठन, दल और सरकार सबके सहयोग की गुंजाइश है, जरूरत है। लोकतांत्रिक राजनीति में दलों का स्थान है और अभी कुछ समय तक रहेगा, किन्तु लोकतंत्र को दलों से सम्बद्ध रखना लोकतंत्र राजनीति में दलों का स्थान है और अभी कुछ समय तक रहेगा किन्तु लोकतंत्र को दलों से सम्बद्ध रखना लोकतंत्र के साथ न्याय नहीं है। परिस्थितियां लोकतंत्र को लोकशक्ति द्वारा दलों के आगे जाने को विवश कर रही हैं। आने वाले वर्षों में राज्य के संगठन के स्वरूप और अधिकार-क्षेत्र में बहुत बदलाव आएगा। भारत का संघीय स्वरूप बदलेगा, स्थानीय स्वायत्तता विकसित होगी और राज्य की दंड-शक्ति क्रमशः घटेगी। आने वाले कल का राज्य मुख्यतः एक नियामक शक्ति के रूप में रहेगा, हर चीज में अंतिम बात कहने वाली शक्ति के रूप में नहीं। वह दिन लोकतंत्र की दृष्टि से अत्यंत शुभ होगा। संभवतः उसका शुभारंभ पंचायतीराज से हो सकेगा। पंचायतीराज में प्रत्यक्ष नागरिक हैं और उनकी समस्याएं हैं। नागरिक शक्ति का स्रोत है और समस्याएं प्रेरणा का स्रोत।

दूसरे बिन्दुओं पर हमारे विचार, हमारी मान्यताएं चाहे जो हों, तीन बिंदु ऐसे हैं जिन पर मतभेद नहीं के बराबर हैं। वे हैं—राष्ट्रीय एकता, जन-जन की मूल आवश्यकताओं की पूर्ति तथा नागरिक के अधिकार और उनकी सुरक्षा। भारत जैसे विशाल और विविध देश का अस्तित्व तभी कायम रहेगा जब उसके करीब एक अरब लोग एकता के सूत्र में बंधेंगे। इस दृष्टि से बिहार में हिन्दू-मुसलमान, आदिवासी—गैर आदिवासी के अस्तित्व का प्रश्न है। जहां तक बुनियादी आवश्यकताओं की पूर्ति का प्रश्न है, वे अब खाने, कपड़े मकान और शिक्षा तक सीमित नहीं रह गयी हैं। आज के नागरिक के लिए अस्मिता, नागरिक-मानवीय अधिकार, लोकतंत्र जीवन की ऐसी जरूरतें हैं, जिनका महत्व कतई कम करके नहीं आंका जा सकता। कल्याणकारी राज्य में और ऐसे समाज में जिसमें न्याय का नारा समाजवाद से कहीं अधिक आकर्षक और विस्फोटक हो गया है, समाजवाद का राज्य के बल पर चलने वाले उस समाजवाद का जिससे हम आज तक परिचित थे, आकर्षण समाप्त हो गया। अब ऐसी व्यवस्था की मांग है, जिसमें किसी भी व्यक्ति के साथ अनीति या अन्याय न हो और हर एक को समान संरक्षण और तुल्य पारिश्रमिक मिले। साफ है कि अभी हम ऐसी व्यवस्था से कोसों दूर हैं, लेकिन विज्ञान और लोकतंत्र के इस जमाने में तकनालॉजी इतनी उन्नत हो गयी है और 'सोशल इंजीनियरिंग' के इतने तरीके निकल आये हैं कि हर एक की मूल आवश्यकताओं की पूर्ति कुछ

वर्षों में सर्वथा संभव है। उसके लिए किसी महान क्रांति की प्रतीक्षा में बैठे रहने की जरूरत नहीं रह गयी है।

संक्षिप्त-लेखन

देश की तात्कालिक आवश्यकता

इस समय हमारा लोकतंत्र राजनीतिक दलों के हाथों की कठपुतली हो रहा है जो परस्पर अविश्वास और मूल्य-हीनता से ग्रस्त हैं। समय की मांग दलीय राजनीति से ऊपर उठने की है। देश की राजनीति को राजनीतिक दलों में बंधक नहीं बनने देना है। जनता को सीधे राजनीतिक कार्यक्रमों को अपने हाथ में लेना है। परिस्थितियों में शीघ्र बदलाव आने वाला है। स्थानीय निकायों की शक्तियों में वृद्धि होगी। राष्ट्रपतीय शासन व्यवस्था के स्थान पर अध्यक्षीय शासन व्यवस्था के आने की संभावना है। जनता शासनाध्यक्षा का निर्वाचन स्वयं करेगी। राष्ट्रीय एकता, जनता की मूलभूत आवश्यकताएं और नागरिकों के अधिकारों की रक्षा ये तीन बातें ऐसी है जिन पर सभी राजनीतिक दलों को आपसी मत-भेद भुलाकर एकमत होना होगा। असमानता, अन्याय और अनीति के दिन समाप्त होने को हैं। हर एक को उसके परिश्रम का उचित पारिश्रमिक मिलना है, हर नागरिक के सम्मान की रक्षा करनी है। विज्ञान और टेकनोलॉजी के लाभों का समान वितरण होना है। अब केवल 'कर्मण्येवधिकारस्ते 'कहकर लोगों को फुसलाने का जमाना लद गया है।

प्रश्न—निम्नलिखित गद्यांश का संक्षिप्त लेखन कीजिये जो आकार में उनका एक तिहाई हो।

गद्यांश—हमें प्रकृति के साथ रहना सीखना होगा, वरना तवाह हो जायेंगे। दिक्कत यह है कि हम न सिर्फ लालची हो गए हैं बल्कि बहुत घमंडी भी बन गए हैं। पर अब यह नई समझदारी उभर रही है कि हमें अपने लालच को संतुलित करना होगा, उसे कम करना होगा। इस समझदारी का मूल अभिप्राय यही है कि प्रकृति के साथ रहना ही मनुष्य के हित में है।

मनुष्य और प्रकृति के रिश्ते के लिहाज से मानव जाति तीन चरणों से गुजर रही है। पहले चरण में हम प्रकृति के साथ समन्वय बनाकर रह रहे थे। दूसरा चरण साठ के दशक का दौर था, जब हमने सोचा था कि प्रकृति को अपने वश में कर सकते हैं। तीसरा चरण मौजूदा दौर है—जब हमें यह अहसास हुआ है कि प्रकृति को जीतना नहीं, बल्कि उसके साथ रहना सीखने में ही हमारी भलाई है। पहले चरण में हम प्रकृति के साथ रह सके तो इसलिए नहीं कि हमारा पर्यावरण-बोध बहुत गहरा था बल्कि इसलिए कि हमारा उत्पादन का स्तर बहुत कम था। हम इसी तरह थे। फिर प्रकृति के लिए एक सम्मान भावना भी थी। नदियों को पवित्र माना जाता था। चाहे वह गंगा हो या नर्मदा, यमुना, भागीरथी, अलकनन्दा इत्यादि। पीपल जैसे कई पेड़-पौधे भी पवित्र माने जाते थे। यह शायद पर्यावरण के संरक्षण का ही एक तरीका था क्योंकि पीपल का पेड़ छांव देने के अलावा दूसरे किसी काम का नहीं है। यदि इसे पवित्र न माना जाता तो शायद इसे काट दिया गया होता। भारत में पवित्रता किसी उपयोगिता जैसे गुण से नहीं जुड़ी हुई है, बल्कि उसके गूढ़ निहितार्थ है। उस समय हमारे देश में प्रकृति के प्रति आज से कहीं अधिक सम्मान था। उपभोग और पर्यावरण के बीच एक संतुलन और इस

संतुलन की आज हमें पुनर्रचना करनी होगी।

हमें अपनी उत्पादन प्रणालियों और पर्यावरण के बीच संतुलन को भी नए सिरे से गढ़ना होगा। हमें समझना होगा कि यमुना को प्रदूषित करने वाले ढेर सारे कारखाने हमारे लिए अहितकर हैं। आज अगर युमना की हालत देखी जाए तो हिन्दुओं को भविष्यवाणी शब्दशः सच हो गई है। हिन्दू मानते हैं कि यमुना का रूप सचमुच उसके नाम के अनुरूप हो गया है। वह जीवनदायिनी नदी बदलकर मृत्यु की नदी बन गई है। इसलिए न सिर्फ हमारी उत्पादन प्रणालियां, बल्कि हमारे रहने का ढंग और हमारा पैदा किया हुआ मल-जल भी नदियों को बर्बाद करते हैं।

इसलिए हमें फिर से बुननी होगी प्रकृति के लिए सम्मान की भावना। हमें अपने उत्पादन की पद्धति और पर्यावरण के बीच संतुलन बनाना होगा, ताकि नियंत्रण किया जाए। इसमें अभिभावकों की एक बड़ी भूमिका बनती है। अभिभावकों का लक्ष्य बच्चों में इस तरह की रुझान विकसित करना होना चाहिए कि वे चीजों को सीखने, समझने और बदलने की ओर प्रवृत्त हों।

संक्षिप्त-लेखन

प्रकृति और मानव का रिश्ता

हमें यह जानना चाहिए कि प्रकृति के साथ रहना ही हमारे हित में है। हमारे और प्रकृति के रिश्ते आदिमकाल से चले आ रहे हैं। पहले हम प्रकृति से सामंजस्य बनाकर रहते थे, तब हम ज्यादा सुखी रहते थे। फिर हमने प्रकृति पर अधिकार करने का मन बनाया। हम अहंकारी बन गये। आज की हमारी दशा उसी का परिणाम है। सांस लेने के लिए हमें शुद्ध हवा तक नहीं मिलती, न पीने के लिए शुद्ध पानी रह गया है। हमने नदियों को पवित्र मानना भुला दिया और सारी गंदगी उनमें भर दी। नतीजा यह हो गया कि हमारी कभी की पवित्र नदिया गंदे जल प्रवाह की पतली चौड़ी नालियां बन गई हैं। यमुना को ही लीजिये, वह सचमुच यम का प्रतिरूप बनती जा रही है। यदि हमें बरबादी से अपने को बचाना है तो प्रकृति से सामंजस्य स्थापित करना होगा, तभी हमारे रहने योग पर्यावरण प्राप्त हो सकेगा।

प्रश्न—नीचे लिखे अवतरण का संक्षिप्त लेखन कीजिए जो आकार में उसका एक तिहाई हो।

गद्यांश

शहरी बच्चों और ग्रामीण बच्चों के लिए टेलीविजन की भूमिका भिन्न है और अधिकतर प्रसारण संस्थाएं यूं तो अपने लाभ के लिए ही प्रोग्राम-प्रसारित करती हैं। पर यदि कुछ देर के लिए यह मान भी लिया जाए कि वह बच्चे के विकास के लिए भी कार्य कर रही हैं तो भी उनके कार्यक्रम केवल शहरी व अंग्रेजी स्कूलों के बच्चों के लिए होते हैं। यह कहना भी अतिशयोक्ति न होगी कि अधिकतर कार्यक्रम पाश्चात्य देशों के कार्यक्रमों की भोंडी नकल-मात्र होते हैं और उनके पीछे भी व्यावसायिकता व धनार्जन का मुख्य उद्देश्य छिपा होता है।

प्रारम्भ में तो बच्चे कार्टून फिल्म, कठपुतली का तमाशा, डिस्कवरी आदि देखते हैं पर समय

के साथ उनकी रुचि वयस्कों के कार्यक्रमों में होती जाती है तथा अपने कार्यक्रमों को बचकाना कहने लगते हैं। वास्तव में, मनोवैज्ञानिक रूप से टेलीविजन देखने वाले बच्चे मानसिक रूप से जल्दी वयस्क होने लगते हैं। कुछ अध्ययनों के बाद यह निष्कर्ष भी निकला है कि बच्चे असामाजिक बातों को जल्दी सीखते हैं, क्योंकि उसमें उन्हें साहस व अपूर्व अनुभव का आभास मिलता है। यह भी देखा गया है कि बहुत अधिक टेलीविजन कार्यक्रम देखने पर बच्चों में तनाव, नैराश्य तथा असंतोषजनक मैत्री-सम्बंधों की बढ़ोतरी भी हो जाती है। इन कारणों से बच्चे की कार्य क्षमता पर असर पड़ता है और वह पढ़ने व अन्य क्रियात्मक कार्यों में पिछड़ जाता है, जिसके कारण कुछ दूरगामी असंतोषजनक परिणाम देखने में आये हैं।

भारत में आज अनेक चैनल चल रहे हैं। यदि सूक्ष्म रूप से निरीक्षण किया जाए तो दूरदर्शन सहित कोई भी चैनल बच्चों के कार्यक्रम न तो बना रहा है न ही उपयुक्त कार्यक्रम प्रसारित कर रहा है। ऐसे में दूरदर्शन का उत्तरदायित्व और अधिक बढ़ जाता है, क्योंकि इसके कार्यक्रम न केवल शहरों में दृष्टव्य हैं अपितु दूर-दराज क्षेत्रों में भी देखे जाते हैं। अन्य चैनलों का मुख्य उद्देश्य भले ही धनोपार्जन व मनोरंजन हो पर सरकारी उपक्रम जिसमें सरकार का धन लगा हो, कैसे राष्ट्र के प्रति अपने उत्तरदायित्व से विमुख हो रहा है?

प्रसार भारती के सदस्यों को विचारना होगा कि क्या प्रसार-भारती का मुख्य उद्देश्य शिक्षाप्रसद कार्यों का ह्रास कर अपने सिद्धान्तों की बाजी लगाकर अन्य चैनलों से होड़ कर धन कमाना है या राष्ट्रीय उन्नति में सहायक होना है।

संक्षिप्त-लेखन

टेलीविजन का हमारे बच्चों पर दुष्प्रभाव

हमारे टेलीविजन के कार्यक्रमों में केवल शहरों के अंग्रेजी स्कूलों में पढ़ने वाले बच्चों की रुचियों का ध्यान रखा जाता है। ये बच्चे इन कार्यक्रमों को देख-देख कर मनोवैज्ञानिक दृष्टि से शीघ्र बयस्क बन जाते हैं। फिर उन्हें वे कार्यक्रम अच्छे लगने लगते हैं जिसमें असामाजिक दृश्य ज्यादा दिखाये जाते हैं क्योंकि उसमें उन्हें दुस्साहस, हिंसा, डकैती आदि के कार्यों में अपूर्व अनुभव का आभास मिलता है। फिर वे तनाव, नैराथ्य और असंतोष के शिकार होने लगते हैं। उनमें दुराव और अनैतिक कार्यों में प्रवृत्त होने की भावना आने लगती है जिसके दूरगामी परिणाम होते हैं। देश में इसे समय जितने चैनल कार्यक्रम प्रसारित करने में लगे हैं उनमें से बच्चों के भविष्य को ध्यान में रखकर उनके लिए कार्यक्रम बनाने की चिन्ता किसी को नहीं है। ऐसी दशा में दूरदर्शन की जिम्मेदारी बहुत बढ़ गई है। प्रसारभारती के सदस्यों को इस पर विचार करना चाहिए।

प्रश्न—नीचे लिखे अवतरण का संक्षिप्त लेखन उसके एक तिहाई में कीजिए।

गद्यांश

औपनिवेशिक काल और स्वाधीनता के बाद के आरम्भिक वर्षों में आर्थिक दृष्टि से उत्तर प्रदेश एक विकसित राज्य था। बिहार देश के अच्छे प्रशासित राज्यों में से एक था। दिल्ली

और हरियाणा को अपवाद मान लिया जाय तो आज सारे हिन्दी प्रदेश सामाजिक-आर्थिक पिछड़ापन, प्रशासकीय लापरवाही, राजनीतिक दिशाहीनता, अपराध और बदहाली से ग्रस्त हैं। देश की आज की लुंज-पुंज परिस्थिति में भी गुजरातं, कर्नाटक आंध्रप्रदेश, महाराष्ट्र तमिलनाडु में सामाजिक, आर्थिक विकास की गति विधमान है।

देश के बारह प्रधानमंत्रियों में से आठ हिन्दी भाषी क्षेत्र, विशेष रूप से उत्तर प्रदेश के, रहे हैं। सत्ता की उच्चतम भागीदारी और स्वाधीनता के बाद के वर्षों में उच्च राजनीतिक नेतृत्व के बाद भी उत्तर प्रदेश, बिहार और मध्यप्रदेश में प्रचुर खनिज पदार्थ हैं। हरियाणा, उत्तर प्रदेश और उत्तरी बिहार की भूमि अत्यंत उपजाऊ है। पूरे हिन्दी भाषी क्षेत्र में देश की बड़ी नदियों का जाल है, जिसके कारण इस क्षेत्र में बिजली और सिंचाई की अपरिमित क्षमता है। इसके बाद भी यह विशाल भू-क्षेत्र इतना पिछड़ा क्यों रह गया है?

हिन्दी भाषी क्षेत्र का पिछड़ापन इतिहास, राजनीतिक, जनसंख्या, सामाजिक संरचना, संस्कृति और नेतृत्व की लापरवही के मिले-जुले जटिल ताना-बाना का प्रतिफल है। औपनिवेशिक प्रशासन के पूर्व वाराणसी, पटना, लखनऊ आगरा, ग्वालियर और इंदौर, जयपुर राजनीति, व्यापार उत्पादन, संगीत, काव्य, नगर, निर्माण, संस्कृति और विद्या के केन्द्र थे। औपनिवेशिक प्रशासन का विस्तार तटीय प्रदेश के केन्द्रों, जैसे सूरत, बंबई, मद्रास, कलकत्ता से हुआ। इस तरह बन्दरगाह, व्यापारिक और प्रशासकीय केन्द्र के रूप में इन नगरों और उनके प्रदेशों का तेजी से विकास हुआ। अंग्रेजी शिक्षा, पश्चिमी जीवन पद्धति के ये नगर केन्द्र बने।

इनके पास ही आरम्भिक उद्योग धंधों का विकास हुआ। औपनिवेशिक शासन के दिनों में हिन्दी प्रदेश कृषि और कच्चे माल के केन्द्र गें परिवर्तित हो गये। सन् 1857 के विद्रोह का उत्तर प्रदेश, बिहार, हरियाणा और मध्य प्रदेश में व्यापक प्रभाव पड़ा। बंगाल आर्मी के सिपाही मुख्यतया अवध और भोजपुर के रहने वाले थे। ब्रिटिश प्रशासन ने इन प्रदेशों के स्थान पर पश्चिमी पंजाब, मद्रास बंबई और बंगाल के विकास पर विशेष ध्यान दिया। इस तरह ये प्रदेश पश्चिमीकरण, अंग्रेजी शिक्षा, पश्चिमी जीवन-पद्धति, जो आधुनिकता के प्रतीक बन चुके थे, उनमें पिछड़ते गये। राष्ट्रीय आन्दोलन में भी बिहार, उत्तर प्रदेश और मध्य प्रदेश की गौरवशाली भूमिका थी। इस कारण भी ये प्रदेश अंग्रेजी शासन की आंख की किरकिरी बने रहे।

यहां की भूमि अत्यंत उपजाऊ है। अतः उत्तर प्रदेश और बिहार में जनसंख्या का घनत्व और भूमि पर इसका दबाव अधिक है। जनसंख्या का एक बड़ा हिस्सा भूमिहीन सामाजिक संस्थान के वशीभूत था। जिनके पास जमीन है उनमें भी संयुक्त परिवार टूटने के साथ भूमि का बंटवारा होने के कारण भूस्वामित्व सिकुड़कर अलाभकारी हो गया है। सामाजिक रूढ़ियों, कर्ज, जाति व्यवस्था के जकड़न ने इस क्षेत्र में कोढ़ में खाज का काम किया है और ये क्षेत्र दिन प्रतिदिन पिछड़ते गये हैं। जाति-व्यवस्था का इस क्षेत्र में बड़ा ही दुष्परिणाम रहा है। आजादी के पूर्व पिछड़ी जातियां आमतौर पर बटाईदार और शिकमी काश्तकार थीं। अनुसूचित जातियां आमतौर पर भूमिहीन थीं और वे खेतिहर मजदूरी के पेशे में लगी थीं। इस तरह जिनके पास श्रम करने की शक्ति थी वे भूमिहीन थे। जातिगत संरचना के कारण जो हाथ से काम और श्रम-कार्य में हीनता का अनुभव करते थे उनके पास भूमि का स्वामित्व और जमींदारी थी। इस

अनुत्पादक सामाजिक-सांस्कृतिक, आर्थिक व्यवस्था ने भी इस क्षेत्र में गरीबी और पिछड़ेपन को बढ़ाया।

संक्षिप्त-लेखन

हिन्दी भाषी क्षेत्र का पिछड़ापन

स्वतंत्रता के बाद से यहां देश के अन्य भाषा-भाषी क्षेत्र आगे बढ़े हैं, वहीं हिन्दी भाषी क्षेत्र अधोगति को प्राप्त हुए हैं। विशेष बुराहाल बिहार और उत्तर प्रदेश का है जो स्वतंत्रता प्राप्ति के समय उन्नत राज्यों में गिने जाते थे। ये दोनों ही राज अपरिमित प्राकृतिक साधनों से सम्पन्न हैं। फिर इनमें यह पिछड़ापन क्यों आया? उत्तर स्पष्ट है—मुख्यतः नेतृत्व की लापरवाही और प्राकृतिक साधनों का विवेकपूर्ण दोहन न होने से। दोनों राज्यों को अत्यन्त उर्वर भूमि का वरदान प्राप्त है, पर जनसंख्या की अनियंत्रित वृद्धि से भूमि के टुकड़े होते गये और कृषि के क्षेत्र में भी ये पिछड़ते गये। यहां की जातिगत सामाजिक संरचना भी इसके पिछड़ेपन के लिए जिम्मेदार है। जिनके पास श्रम है उनके पास खेत नहीं है, जिनके पास खेत है वे श्रम करना ही चाहते। परिणाम इन क्षेत्रों का पिछड़ापन होना ही था।

प्रश्न—निम्न गद्यांश का संक्षिप्त लेखन कीजिए जो उसका लगभग एक तिहाई हो।

गद्यांश

भारतीय राजनीति आज जिस मुकाम पर पहुंच गयी है, उसे देखकर करुणा तो पैदा होती ही है, डर भी लगता है। डर इसलिए लगता है क्योंकि जो लोकतांत्रिक व्यवस्था हमने अपनाई हुई है, उसकी बागडोर मुख्यतः राजनीति के ही हाथ में है और राजनीति हताशा के दौर से गुजर रही है, जिसकी प्रतिध्वनियां, देश के हर हिस्से से और समाज के हर वर्ग से आ रही हैं। अर्थव्यवस्था, शिक्षा, संस्कृति, देश की सुरक्षा, सामाजिक सौमनस्यता, राष्ट्रीय एकता, धार्मिक और सामुदायिक सहिष्णुता, बौद्धिक ईमानदारी और सजगता तथा मानवीय मूल्यों की प्रतिष्ठा जैसे तमाम बुनियादी मोर्चों पर कोई उत्साह नहीं दिखाई देता। ऐसे कोई देश और समाज नहीं बनता, उसे बनाने में पीढ़ियां खप जाती हैं, लेकिन बिगाड़ने के लिए एक ही पीढ़ी काफी है। क्या हम ऐसी पीढ़ी का प्रतिनिधित्व कर रहे हैं, जो देश में जो कुछ भी थोड़ा बहुत स्वस्थ और उपयोगी बचा है, उसे समृद्ध करने के बजाय नष्ट-भ्रष्ट करने पर तुली हुई है? एक पूरी शताब्दी अपने इतिहास के अंतिम वर्ष में प्रवेश कर चुकी है और नई यानि इक्कीसवीं सदी दस्तक दे रही है।

शताब्दियों के इस गमनागमन में देश के लिए मौजूदा शताब्दी से यदि केवल दो विशेषताएं चुननी हों तो 'स्वाधीनता' और 'लोकतांत्रिक व्यवस्था' को एक विशिष्ट उपलब्धि के रूप में रेखांकित किया जा सकता है।

इसमें से पहली को अर्जित करने में लगभग आधी शताब्दी बीत गयी और दूसरी को बरतते हुए शेष आधी शताब्दी बीतने वाली है। कह सकते हैं कि 'लोकतंत्र' वस्तुतः स्वाधीनता की कोख से पैदा हुआ था, लेकिन यह नहीं कहा जा सकता कि स्वाधीनता के नष्ट हो जाने के

बाद भी लोकतंत्र फलता-फूलता रह सकता है या लोकतंत्र के नष्ट हो जाने के बावजूद स्वाधीनता बची रह जाएगी। दरअसल, इन दोनों के बीच एक ऐसा अन्योन्याश्रित संबंध है कि एक का अस्तित्व दूसरे के अस्तित्व से बहुत गहराई से जुड़ा हुआ है। इसलिए यदि इनमें से एक को भी ठीक से बचाये रखा जाए तो दूसरा फिलहाल महफूज रह सकता है। मसलन, यदि लोकतंत्र को मरने से बचा लिए जाए तो स्वाधीनता कायम रह सकती है और इस तरह अपने देश के लिए वर्तमान शताब्दी की इन दोनों महान उपलब्धियों को सुरक्षित रखा जा सकता है, जिन्हें लेकर हम गर्व के साथ अगली सदी में जा सकते हैं।

संक्षिप्त-लेखन

स्वतंत्रता और लोकतंत्र

हमारे देश की इस शताब्दी की दो उपलब्धियाँ सबसे महान् हैं—एक है स्वतंत्रता और दूसरी है जनतांत्रिक व्यवस्था। स्वतंत्रता प्राप्त करने में आधी सदी लग गई थी और जनतांत्रिक व्यवस्था का उपभोग करते भी आधी सदी का समय निकल गया है। दोनों उपलब्धियां एक दूसरे से जुड़ गई हैं और हमें दोनों की रक्षा करनी है। एक के नष्ट होने पर दूसरी स्वमेव नष्ट हो जायगी। प्रश्न यह है कि जिस लोकतांत्रिक व्यवस्था का हम उपभोग कर रहे हैं क्या उसके मानदण्डों का हम सच्चाई से निर्वाह कर रहे हैं? आज देश का जैसा माहौल दिखाई देता है उसमें तो क्षुत्र स्वार्थों का ही आधिक्य चारों ओर फल-फूल रहा है। न कहीं सामाजिक समरसता है, न राष्ट्र के भविष्य के प्रति सच्ची निष्ठा। ऐसे में हमारी जनतांत्रिक व्यवस्था कब तक कायम रहेगी, और उसके न रहने पर हमारी स्वतंत्रता का क्या हाल होगा?

प्रश्न—निम्नांकित गद्यांश का संक्षिप्त लेखन उसके लगाए एक तिहाई आकार में कीजिये।

गद्यांश

भारत संसार का सबसे बड़ा लोकतंत्र है। 1975 और 76 के छोटे से कालखंड को छोड़कर लोकतंत्र की व्यवस्था अक्षुण्ण रही है। बालिग मताधिकार, निष्पक्ष चुनाव, स्वतंत्र न्यायपालिका, बहुदलीय पद्धति तथा स्वतंत्र प्रेस हमारे लोकतंत्र के आधार हैं। लोग चुनाव के माध्यम से सरकार बदलते हैं। 1977 में तो लोगों ने श्रीमती इंदिरा गांधी जैसी शक्तिशाली प्रधानमंत्री को भी चुनाव में परास्त कर दिया था। 1980 में आपातकालीन ज्यादतियों के विरुद्ध जनरोष के ज्वार पर सत्ता के सिंहासन तक पहुंची जनता पार्टी की सरकार को, जिसे लोकनायक जय प्रकाश नारायण का आशीर्वाद प्राप्त था, अपदस्थ कर दिया गया था। 1989 में मतदाताओं ने राजीव गांधी की सरकार को, जिसे उन्होंने 5 वर्ष पूर्व ही लोकसभा की 517 सीटों में से 415 सीटें देकर भारी-भरकम बहुमत प्रदान किया था, भी हटा दिया। राज्यों में भी लोगों ने सरकारें बदली हैं और मताधिकार की निर्णायक शक्ति का प्रकटीकरण किया है।

लोकतंत्र की सफलता के लिए दलीय पद्धति का सुदृढ़ होना बहुत आवश्यक है। भारत जैसे विशाल और विविधतापूर्ण देश में ब्रिटेन की तरह द्विदलीय पद्धति तो व्यावहारिक नहीं जान पड़ती। किंतु यह जरूरी है कि जो भी दल हों, वे नीतियों और कार्यक्रमों पर आधारित

हों, लोकतांत्रिक तरीकों से चलें, उनमें नियमित रूप से सदस्यता हो, अनिवार्यतः संगठनात्मक चुनाव हों, और वे अपने सुनिश्चित घोषणा-पत्र के आधार पर मतदाताओं के समक्ष जाकर उनका समर्थन प्राप्त करें। ऐतिहासिक कारणों से कांग्रेस का स्वरूप एक राजनीतिक मंच का अधिक और एक राजनीतिक दल का कम रहा है। साम्यवादियों से लेकर संप्रदायवादियों तक ने कांग्रेस की छत्रछाया में बैठकर राजनीति की है। वह समय के अनुसार जितनी बदली है, उतनी ही पूर्ववत् रही है। समाजवादी समाज की रचना से लेकर उन्मुक्त अर्थव्यवस्था की नई मंजिल तक पहुंचने में उसे भले ही 60 साल का समय लगा हो, किन्तु वैचारिक दृष्टि से उसने यह यात्रा बड़ी सरलता से पूरी कर ली है। उसका लचीलापन उसके लिए गुण हो सकता है, किन्तु अन्य दलों के लिए वह बड़ी कठिनाई का कारण बना है। व्यवहारवाद और अवसरवाद के बीच में विभाजक रेखा बड़ी बारीक है। 'जैसी बहें बयार, पीठ तब तैसी दीजें'—आराम से जिंदगी जीने का कारगर नुस्खा हो सकता है। किन्तु उससे नव स्वाधीन राष्ट्र को नवनिर्माण के लिए कठोर परिश्रम करने की ओर प्रेरित नहीं किया जा सकता। उसके लिए कुछ जीवन मूल्यों में गहरी प्रतिबद्धता आवश्यक है।

देश मिली-जुली सरकारों के दौर में प्रविष्ट हो गया है। दो बड़े दलों के रूप में कांग्रेस और भारतीय जनता पार्टी के उभरने के साथ ही क्षेत्रीय दल भारतीय राजनीति का अटूट अंग बन गए हैं। केन्द्र में भी वे भविष्य में महत्वपूर्ण भूमिका निभाएंगे, इसमें कोई संदेह नहीं है। मिली-जुली सरकार का गठन सरल है, किन्तु उसे चलाना बहुत कठिन है। जब तक सरकार में शामिल सभी दल अपनी-अपनी सीमाओं को नहीं समझेंगे, तब तक यह प्रयोग सफल नहीं होगा और देश राजनीतिक अस्थिरता का शिकार होता रहेगा। अस्थिरता में न तो आर्थिक विकास ही होगा और न कानून और व्यवस्था की स्थिति ही संतोषदायक रहेगी। समय आ गया है जब राजनीतिक व्यवस्था और चुनाव-प्रणाली के बारे में गहराई से चिंतन किया जाए और परिस्थिति के अनुरूप उसमें संशोधन, परिवर्धन और परिवर्तन किया जाए। राष्ट्र को स्वतंत्रता, अखंडना और भारतीय समाज की समरसता को बनाए रखने के लिए सभी दलों को भविष्य में चुनौतियों के बारे में मिलकर विचार करना चाहिए।

संक्षिप्त-लेखन

भारतीय लोकतंत्र की शक्ति और चुनौतियाँ

भारत संसार का सबसे बड़ा जनतंत्र है। उसमें अपनी जनतांत्रिक शक्ति का परिचय कई बार दिया है। 1977 में आपात कालीन ज्यादतियों से रुष्ट होकर उसने तत्कालीन प्रधानमंत्री इंदिरागांधी को गद्दी से उतार दिया 1980 में जनता सरकार की अक्षमताओं से रुष्ट होकर उसने उसे भी पद-च्युत कर दिया। 1989 में उसने राजीव गांधी से भी प्रधानमंत्री की गद्दी छीन ली। लोग करते हैं कि जनतंत्र की सफलता के लिए द्विदलीय पद्धति जरुरी है। पर भारत के लिए यह व्यावहारिक नहीं है। जनता सरकार में कई दलों का गठबंधन था। मोर्चा सरकार में भी कई दल थे। अब भाजपा की सरकार में भी कई दल हैं। कांग्रेस भी एक प्रकार से कोई एक दल न होकर कई दलो का मंच रही है। अतः द्विदलीय पद्धति यहां की राजनीति के लिए

आवश्यक नहीं। देश मिली-जुली सरकारों के दौर में प्रविष्ट हो गया है। देश की आर्थिक दशा सुधार कर उसे आगे बढ़ाने के लिए समय आ गया है कि परिस्थिति के अनुसार चुनाव-प्रणाली में सुधार किया जाय जिससे राजनीति से भ्रष्टाचार को मिटाया जा सके। इस दिशा में सभी दलों को मिल कर काम करना चाहिए। हमारे जनतंत्र के सामने यही सबसे बड़ी चुनौती है।

प्रश्न—नीचे लिखे अवतरण का संक्षिप्त लेखन उसके एक तिहाई आकार में कीजिये।

गद्यांश

भारत और पाकिस्तान मिलकर पूर्ण निरस्त्रीकरण की यह महान पहल करें तो न सिर्फ दक्षिण एशिया का नक्शा बदल जाएगा बल्कि 21वीं सदी की दुनिया का रूप ही कुछ दूसरा होगा। हथियारों पर खर्च होने वाले खरबों रुपए दुनिया के भूखों, गरीबों, अशिक्षितों की जिन्दगी में नया उजाला भर देंगे, लेकिन इतनी महान पहल करने से पहले भारत और पाकिस्तान को पारस्परिक सुरक्षा समझौते पर दस्तखत करने होंगे, ताकि दोनों देशों की जनता में परस्पर विश्वास की भावना का संचार हो और महाशक्तियों को भी लगे कि ये दोनों राष्ट्र मिलकर कोरा उपदेश नहीं झाड़ रहे हैं, जो हमसे करने को कह रहे हैं, वह खुद करके दिखा रहे हैं। महाशक्तियों को यही नहीं लगना चाहिए कि भारत और पाकिस्तान मिलकर कोई अंतर्राष्ट्रीय उद्दण्डता का आयोजन कर रहे हैं। वास्तव में दोनों दक्षिण एशियाई राष्ट्रों की यह पहल सम्पन्न महाशक्तियों के लिए भी उतनी ही फायदेमंद होगी, जितनी कि तीसरी दुनिया के गरीब देशों के लिए। भारत-पाक पहल महाशक्तियों के अंदरूनी सामाजिक आर्थिक ढांचे को ही बदलकर रख देगी।

भारत-पाक परमाणु पहल के उक्त सुझाव को पाकिस्तान के लगभग सभी प्रमुख नेताओं और विचारकों ने पसंद किया है, लेकिन उन्हें डर है कि कहीं कश्मीर डूबते खाते में न चला जाए। भारत की ओर से उन्हें आश्वस्त किया जाना चाहिए कि कश्मीर का उचित हल निकालने के लिए हम उतने ही आतुर हैं, जितने कि वे हैं, बल्कि उनसे ज्यादा हैं। यदि परमाणु-पहल की संयुक्त रणनीति आगे-आगे चलेगी तो बाकी सभी मुद्दे अपने आप पीछे चले जाएंगे। 52 सालों में पहली बार पाकिस्तान को एक सम्प्रभु और स्वायत्त राष्ट्र की तरह बर्ताव करने का मौका मिलेगा। जो राष्ट्र अमरीकी राष्ट्रपति के पांच-पांच टेलीफोन संदेशों की अनदेखी करके बम-विस्फोट कर सकता है, वह बमोत्तर पाकिस्तान की भारत-नीति को अमरीकी साए से अलग क्यों नहीं कर सकता? यदि दक्षिण एशिया से अमरीकी साया हट जाए तो भारत और पाकिस्तान मिलकर शांति और सम्पन्नता के नए युग का सूत्रपात कर सकते हैं।

भारत को चाहिए कि वह संधि-प्रेमी देशों से कहे आपको जो सितम्बर 99 के बाद करना है, वह आप अभी क्यों नहीं करते? और यदि आप संशोधन अभी करते हों तो पहल भारत करेगा। इस पहल में यदि पाकिस्तान भी साथ दे तो सोने में सुहागा होगा। दोनों देश कहें कि हम अपने परमाणु-शस्त्रास्त्र सबसे पहले खत्म करेंगे, बशर्ते कि आप पांचों परमाणु महाशक्तियां अपने हथियार खत्म करने का टाइम-टेबल भी हमें बताएं, दुनिया को भी बताएं। इसके अलावा भारत और पाकिस्तान न तो प्रयोगशाला में परीक्षण करेंगे और न ही पोखरनशाला और

चगाईशाला में। वे अपनी समस्त परमाणुशालाएं अंतर्राष्ट्रीय निगरानी के लिए खोल देंगे, बशर्ते कि परमाणु पंच प्यारे भी वही करें। यदि ऐसा हो तो विखंडनीय सामग्री प्रतिबंध (एफ.एम.सी.टी.) के लिए किसी अलग संधि की जरूरत ही नहीं पड़ेगी। सारे विश्व को परमाणु-शस्त्रास्त्रों से निरापद बनाने के लिए एक ही संधि काफी होगी। यह संधि विश्व राजनीति के इतिहास की सबसे महान संधि मानी जाएगी।

संक्षिप्त-लेखन

परमाणु निस्त्रीकरण और उसमें भारत पाकिस्तान की भूमिका

परमाणु निरस्त्रीकरण की दिशा में भारत और पाकिस्तान का मिलकर काम करना केवल एशिया का नहीं वरन् पूरा दुनिया का नक्शा बदल सकता है। शर्त यह है कि पहले ये दोनों देश आपसी शान्ति और सुरक्षा के लिए समझौता कर लें। इससे संसार की महाशक्तियों को तो संदेश जायेगा ही, तीसरी दुनिया के देश भी आश्वस्त होंगे। भारत-पाकिस्तान समझौते में सबसे बड़ी बाधा कश्मीर की समस्या है। दोनों देशों के नेता एक दूसरे को आश्वासन दें कि वे उस समस्या का समाधान निकालने के लिए तैयार हैं तो अन्य क्षेत्रों में भी शीघ्र प्रगति हो सकती है। ऐसा हुआ तो पहली बार पाकिस्तान अमेरिकी प्रभाव से मुक्त होकर भारत से बात करने की स्थिति में होगा। पाकिस्तान ने अमेरिकी दबाव की परवाह न करके परमाणु-विस्फोट किया है। इस लिए सी.टी.बी.टी. के मुद्दे पर भी यदि दोनों देशों के बीच मतैक्य होगा तो परमाणु-सम्पन्न शक्तियों को इन दोनों को भी समानता का दर्जा देने को विवश होना पड़ेगा। समानता के आधार पर संसार के परमाणु-शक्ति सम्पन्न देशों के बीच संधि संसार के इतिहास में एक नया अध्याय जोड़ेगी।

प्रश्न—निम्नलिखित गद्यांश का संक्षिप्त लेखन उसके एक तिहाई आकार में कीजिये।

गद्यांश

पढ़ाई बीच में छोड़ जो किशोर और युवक सड़क पर आ जाते हैं उनके लिये अपराध की दुनिया सबसे बड़ा आकर्षण का केन्द्र बनती जा रही है। पुलिस ने राष्ट्रीय राजधानी दिल्ली में अपने तीन जिलों में ऐसे दो हजार युवकों का पता लगाया है जो विद्यालय छोड़ देने के बाद छीना-झपटी, अपहरण और हत्या जैसे अपराध-कार्यों की ओर उन्मुख हो चुके हैं। यह स्थिति अत्यंत भयावह एवं चिंताजनक है। इसका कई पहलुओं से विश्लेषण कर ऐसे ठोस कदम उठाने की आवश्यकता है जिनके परिणामस्वरुप देश का भविष्य कहलाने वाली पीढ़ी गहरी निराशा और कुंठा में विनाश के रास्ते की ओर नहीं बढ़े। हम अपनी हर छोटी-बड़ी समस्या का समाधान यद्यपि शिक्षा के व्यापक प्रचार-प्रसार में ढूंढते हैं, लेकिन इस क्षेत्र में हमारी अभी तक की स्थिति अंधी दौड़ में अंधे धावकों जैसी है, जो यह नहीं जानते हैं कि वे क्यों दौड़ रहे हैं और उन्हें कहां तक दौड़ना है। शिक्षा के क्षेत्र में निरंतर बढ़ती दिशाहीनता के कारण ही वर्तमान शिक्षा पद्धति निरर्थक सिद्ध हो रही है। वह भारत की नई पीढ़ी को न तो भविष्य मे जूझने के लिये पर्याप्त आत्मविश्वास दे पाई है और न ही न्यूनतम आवश्यकताओं की पूर्ति के

लिये पर्याप्त रोजगार। परीक्षा पास करने का प्रमाण-पत्र अथवा डिग्री सिर्फ कागज का टुकड़ा न रहे, इसक लिये पूरी निष्ठा के साथ प्रयास करने की आवश्यकता स्वतंत्रता के इतने साल बाद भी यथावत् बनी हुई है। यदाकदा नवोदय विद्यालयों जैसी कोई रचनात्मक योजना जोर-शोर से शुरू की जाती है, लेकिन वह जल्दी ही राजनीतिक उदासीनता और अफसरशाही के व्यापक भ्रष्टाचार का शिकार बन जाती है। कटु सत्य यह है कि ग्रामीण क्षेत्रों में सबसे अधिक छात्र पढ़ाई बीच में ही छोड़ देते हैं। देश के कुल 397 नवोदय विद्यालयों के 1.10 लाख छात्रों में 78 प्रतिशत छात्र ग्रामीण क्षेत्रों के हैं। लेकिन इन विद्यालयों के शिक्षकों को अन्य संस्थानों जैसी सुविधाएं नहीं दी जा रही हैं और इस कारण सौ से अधिक नवोदय विद्यालय बिना प्रधानाचार्य के चल रहे हैं। जाहिर है कि शिक्षा के लिये हमारी तथाकथित ललक में भविष्य के निर्माण की इच्छा सर्वथा नदारद है। वर्तमान शिक्षा गरीब ग्रामीणों की गरीबी ही नहीं, उनकी हताशा और निराशा को भी तेजी से बढ़ा रही है। ऐसी स्थिति में शिक्षा के वर्तमान ढांचे में आमूल-चूल परिवर्तन करना जरूरी हो गया है, अन्यथा नई पीढ़ी के सामने अपराधों के अलावा कोई विकल्प शेष नहीं रहेगा।

समय का तकाजा है कि शिक्षा पर लगी महंगाई की व्यापारिक चिट हटाकर उसे सर्वोदय का सशक्त औजार बनाया जाये। यह तभी संभव है जब गांवों में रहने वाली 75 प्रतिशत आबादी को भी यह लगेगा कि पढ़ने-लिखने के बाद उसकी संतान को भी विकास के पर्याप्त अवसर प्राप्त हो सकेंगे। शिक्षा दिखावटी वस्तु नहीं, बल्कि सभी के लिये उपयोगी भी होनी चाहिये। पांचवीं कक्षा के बाद कृषि का ज्ञान अनिवार्य करने का प्रस्ताव सरकार यदि सही ढंग से लागू करेगी तो निरक्षरता से मुक्ति के साथ निराशा एवं कुंठाजन्य अपराधों से भी छुटकारा पाना संभव हो सकेगा।

संक्षिप्त-लेखन

अपराध की ओर बढ़ते छात्र

देश में छात्रों का एक वर्ग ऐसा है जो बीच में पढ़ाई छोड़कर अपराधों की दुनिया में लिप्त हो गया है। केवल दिल्ली के तीन जिलों में ऐसे छात्रों की संख्या दो हजार पर पहुंच गई है। कुंठा और निराशा से ग्रस्त ऐसे छात्र पुलिस के लिए तो समस्या हैं ही उनके कारण समाज का भविष्य खतरे में है। दिशाहीन शिक्षा इसका एक कारण हो सकता है, शिक्षितों की बेरोजगारी दूसरा कारण है। युवकों और किशोरों के लिए कोई कारगर योजना अभी तक नहीं बन पाई है। नवोदय विद्यालय जैसी योजनाएं भ्रष्टाचार और नौकरशाही का शिकार होकर बेकार हो गई हैं। देश के 329 नवोदय विद्यालयों में इस समय 100 से अधिक विद्यालय बिना प्रधानाचार्य के चल रहे हैं। इन विद्यालयों में अधिकतर छात्र ग्रामीण क्षेत्रों के होते हैं। सुविधाएं न प्राप्त होने के कारण वे बीच में ही पढ़ाई छोड़ देते है। शिक्षा केवल दिखावटी वस्तु होकर रह गई है। यदि उसमें आमूल-चूल परिवर्तन न किया गया तो नई पीढ़ी के सामने अपराधों के अलावा कोई विकल्प शेष नहीं रहेगा।

प्रश्न—नीचे लिखे अवतरण का संक्षिप्त लेखन उके एक तिहाई आकार में कीजिये।

गद्यांश

आज प्रत्येक शहर को यह शिकायत है कि गांवों से पलायन कर शहरों में आए लोगों के कारण अनेक समस्याएं उत्पन्न हो गई हैं। शहरों में बढ़ते अपराध, जन सुविधाओं का अभाव तथा गंदी बस्तियों एवं झोपड़पट्टियों का फैलाव आदि के लिए गांवों से भारी संख्या में पलायन कर आए लोगों को ही जिम्मेदार ठहराया जाता है। शहरों में चूंकि प्रचार-प्रसार के तमाम साधन उपलब्ध हैं, अतः वहां की तमाम समस्याएं उजागर होती रहती हैं तथा समय-समय पर समाजशास्त्री, विचारक और योजनाकार इस पलायन को रोकने पर विचार भी करते रहते हैं। इस बात पर विचार प्रायः नहीं किया जाता कि शहर किस तरह गांवों की संस्कृति और जनजीवन को प्रभावित कर रहे हैं। गांवों से शहरों की ओर तो केवल लोगों का पलायन हो रहा है, मगर शहरों से गांवों की ओर शहरी जीवन की उन तमाम विकृतियों का पलायन हो रहा है, जिनके कारण गांव और शहर अपनी अलग पहचान रखते थे। शहरी जीवन की ये तमाम विकृतियां गांवों में रहन-सहन, खान-पान और गांव की सामाजिकता को किस हद तक प्रभावित कर रही हैं, इसका लेखा-जोखा नहीं हो पाता, क्योंकि गांवों के प्रचार-प्रसार के वह साधन नहीं हैं, जो शहरों में उपलब्ध हैं। समाजशास्त्री, विचारक और योजनाकार भी चूंकि शहरों में बसते हैं, इसलिए वह भी इधर ध्यान नहीं दे पाते।

गांवों की ओर शहरी जीवन की इन विकृतियों का सबसे बुरा प्रभाव ग्रामीण जीवन की सामाजिकता पर पड़ रहा है। शहरी लोगों को प्रायः अपने काम से काम रहता है। सामाजिक संपर्क वहां ज्यादादर कारोबारी या अपने मतलब के होते हैं। यह भावना आज गांवों में भी प्रवेश कर रही है। आज गांवों में बीस-तीस साल पहले जैसी सामाजिकता नहीं है। चौपालों पर हुक्का गायब हो रहा है तथा इसी के साथ गायब हो रही हैं वह मंडलियां, जो हुक्के के साथ-साथ अनेक निजी तथा सार्वजनिक समस्याओं पर विचार कर उनका निदान खोजती थीं। पहले सर्दियों में अलाव जलाकर उसके चारों ओर बैठे लोगों में देर रात तक बतकही और किस्से-कहानी का दौर चलता रहता था। मगर आज गांवों से अलाव गायब हो रहा है तथा इसके साथ ही गायब हो रहे हैं वह रहता था। मगर आज गांवों से अलाव गायब हो रहा है तथा इसके साथ ही गायब हो रहे हैं वह किस्से-कहानियां जो लोक साहित्य में अपना महत्वपूर्ण स्थान रखते थे। सामाजिक सम्पर्क के इन साधनों के अभाव में ग्रामीण जीवन की सामाजिकता को शहरों जैसी बना दिया है। गांवों में सामाजिक संपर्क धीरे-धीरे कारोबारी किस्म के होते जा रहे हैं। लोग अब अलाव या चौपाल पर न बैठकर शहरी लोगों की भांति अपने-अपने घरों या घेरों में ही रहते हैं।

जिन गांवों में दूरदर्शन पहुंच गया है, वहां तो सामाजिकता नाम की वस्तु एक दुर्लभ चीज बन गई है। गांवों में दूरदर्शन ने बड़ों को तो एकाकी बनाया ही है, बच्चे इससे सर्वाधिक प्रभावित हैं तथा बचपन में उनमें सामाजिकता के जो संस्कार बनने चाहिए थे, वह नहीं बन पा रहे हैं। इस प्रकार अगली पीढ़ी में सामाजिक संपर्क उतने नहीं रहेंगे जितने आज हैं। गांवों में बच्चे देर रात तक धमाचौकड़ी मचाते रहते थे, मगर आज शाम होते ही टेलीविजन के सामने

विराजमान हो जाते हैं। आज के बच्चे परिवार और स्कूल से उतना नहीं सीखते जितना वह दूरदर्शन से सीख रहे हैं। यही नहीं, अब बच्चे दूरदर्शन पर प्रचारित उपभोक्ता वस्तुओं की मांग भी करने लगे हैं। आज के ग्रामीण किशोरों और युवाओं को हुक्के से कोई लगाव नहीं रहा है। उनकी जेब में बीड़ी का बंडल या सिगरेट पैकेट मिलेगा तथा हर पांचवे ग्रामीण युवक की जेब में किसी न किसी ब्रांड के पान मसाले का पाउच भी मिल जाएगा। बुआ, चाची और ताई के मधुर और आत्मिक संबोधनों का स्थान आज आंटी जैसा औपचारिक सम्बोधन लेता जा रहा है। स्कूल जाने वाला बालक आज ईचक-दीचक, इक्की-बिक्की या हैदम-हैदम जैसा ग्रामीण बालगीत न सुनाकर 'पोयम' सुनाने लगा है। जाहिर है, ग्रामीण बाल-गीतों के माध्यम से बच्चों में ग्रामीण संस्कृति के प्रति जो लगाव उत्पन्न होता था, वह पोयम से उत्पन्न नहीं हो सकता।

संक्षिप्त-लेखन

गांवों में घुसता शहर

एक ओर तो यह शिकायत है कि गांवों से शहरों की ओर भगदड़सी मची है। इसके फलस्वरुप शहरों में आवास, बिजली, पानी को लेकर अनेक समस्याएं पैदा हो रही हैं। गंदगी फैल रही है और अपराधो की संख्या में वृद्धि हो रही है। दूसरी ओर गांवों के शहरीकरण से गांवों की समाजिकता को घोर खतार पैदा हो गया है। शहरों की तमाम विकृतियाँ गांवों में घर कर रही हैं। इससे ग्रामीण जीवन की अपनी विशेषता लुप्त होती जा रही है। लोंगों का आपस में मिलना-जुलना और मिल जुलकर गांव की समस्याओं को हल करने की प्रथा समाप्त हो रही है। गांव वालों के आपसी सम्बन्ध शहरों की तरह केवल कारोबारी रह गये हैं। जिन गांवों में दूरदर्शन पहुंच गया है वहां के लोगों का जीवन जैसे घर की चहारदीवारी में सिमटकर रह गया है। विशेषकर छोटे बच्चों के ऊपर इसका बड़ा बुरा असर हो रहा है। उनमें सामाजिकता के गुणों के विकास का यही समय होता है। परन्तु दूरदर्शन देखने से अब उन्हें फुर्सत ही नहीं होती कि गांव के अन्य बच्चों से मिलें और उनके साथ खेलें-कूदें। गांवों के नवपृथक शहरों के नवयुवकों का शौक पालने लगे हैं। पुराने रिश्तों के नाम बदल गये हैं। बुआ, फूफी, चाची, अब केवल अंटी रह गई है, चाचा, ताऊ अंकल हो गये हैं। ग्रामीण बालगीतों का स्थान अंग्रेजी 'पोयम' ने ले लिया है। सारांश यह कि गांवों का पूरा सांस्कृतिक माहौल शहरों का हो रहा है, उन शहरों का जो स्वयं पाश्चात्य संस्कृति की नकल करने में लगे हैं।

प्रश्न—निम्नलिखित गद्यांश का संक्षिप्त लेखन कीजिये जो आकार में उसके एक तिहाई से अधिक न हो।

गद्यांश

अंग्रेजी भाषा में धर्म की परिकल्पना को व्यक्त करने वाला कोई शब्द नहीं और क्योंकि वे अपनी 'फूट डालो और राज करो' की नीति को कार्यरूप देने के लिए मुसलमानों को राष्ट्रीय धारा से अलग करना चाहते थे और मुस्लिम सम्प्रदाय को हिन्दुओं के मुकाबले में दूसरी पार्टी बनाना चाहते थे, इसलिए उन्होंने धर्म का अर्थ रिलीजन अथवा मजहब किया और हिन्दू धर्म

को हिन्दू मजहब कहना शुरू किया। यह उनका शरारत पूर्ण खेल था। धर्म और मजहब दो सर्वथा अलग और परस्पर विरोधी परिकल्पनाएं हैं। धर्म सभी मानवों में सद् जीवन और नैतिक मूल्यों के आधार पर एकता और भ्रातृभाव पैदा करता है। यह मानववाद का आधार और ध्वजवाहक है।

इसके विपरीत मजहब शब्द जो मुख्यतः सेमिटिक मजहबों-ईसाइयत और इस्लाम— के लिए प्रयुक्त होता है जो मानवजाति को तंग दायरों में बांटता है। ये मजहब परमात्मा के एक होने की वात तो कहते हैं, परन्तु उसे अपने-अपने नबियों अथवा पैगम्बरों के साथ बांधते हैं। उनके लिए प्रभु में आस्था गौण है और उसके नबी अथवा पैगम्बर में आस्था प्रमुख है। उदाहरणार्थ, इस्लाम का मूल सिद्धान्त वाक्य है परमात्मा या अल्लाह एक है और मोहम्मद उसके रसूल या नबी हैं। इसलिए इस्लाम अपने अनुयायियों को विचार और पूजा-विधि की छूट नहीं देता। जो मोहम्मद को परमात्मा का अन्तिम नबी या पैगम्बर न माने, ऐसा मुसलमान भी इस्लाम के पैरोंकारों के लिए काफिर होने से मृत्यु का अधिकारी है। भारतीय मूल के पंथों को मानने वाले, जो परमात्मा की एकता में विश्वास रखते हैं, परन्तु उसे एक नाम या एक अवतार के साथ नहीं बांधते और अपने ढंग से उसकी पूजा करते हैं। इस्लाम की दृष्टि से ये दोहरे काफिर हैं, क्योंकि वे मूर्ति पूजक भी हैं।

यही स्थिति ईसाइयत की है। इसके अनुसार भी परमात्मा अथवा गॉड एक हैं, परन्तु ईसा उसका विशिष्ट पुत्र है, जिसके द्वारा ही उस तक पहुंचा जा सकता है और उसकी दया का पात्र बना जा सकता है। जो ऐसा नहीं मानते वे ईसाइयों के लिए हैरेटिक हैं और नरक के पात्र हैं; इसलिए वे येन-केन प्रकारेण गैर ईसाइयों को ईसाई बनाना चाहते हैं।

मध्यकाल में ईसाइयत और इस्लाम के प्रसार का मुख्य माध्यम तलवार थी। परन्तु अब ईसाई चर्चों ने लोगों को ईसाई बनाने के अन्य तरीके अपनाने शुरू किए हैं। उनमें एक तथाकथित सेवा का माध्यम है। वे जानते हैं कि पढ़े-लिखे और समझदार लोगों को अपना शिकार बनाना आसान नहीं। इसलिए वे अधिक ध्यान पिछड़े क्षेत्रों और निर्धन लोगों की ओर देते हैं। साधनों की उनके पास कमी नहीं। इसलिए उनके द्वारा खोले जाने वाले विद्यालय और अस्पताल सेवा के नाम पर लोगों को ईसाई बनाने या ईसाइयत को बढ़ाने के माध्यम हैं। उनका मूल हेतु सेवा नहीं, लोगों का मजहब बदल कर उन्हें ईसाई बनाना है। इसलिए उनका सेवाकार्य चाहे कोई भी करें संदिग्ध हो जाता है। अरुणाचल उड़ीसा तथा मध्य प्रदेश में बने धर्म-परिवर्तन संबंधी कानून इसके मुंह बोलते प्रमाण हैं।

अनुभव से यह भी सिद्ध हो चुका है कि इन मजहबों में शामिल होने वालों की पूजा-विधि ही नहीं बदलती उनकी अपने देश और संस्कृति के प्रति आस्था भी बदल जाती है। वे न केवल सर्वपंथ समभाव के सिद्धान्त से विमुख हो जाते हैं, अपितु समाज को काटने और देश को तोड़ने का काम भी करने लगते हैं। 1947 में इस्लामिक तत्वों द्वारा भारत का इस्लाम के नाम पर विभाजन करवाना और अरुणाचल, मणिपुर, नागालैण्ड, मिजोरम इत्यादि पूर्वी राज्यों में ईसाई चर्च द्वारा अलगाववाद फैलाना और अलगाववादी हिंसक आन्दोलनों को बढ़ावा देना भी इस बात के प्रमाण हैं।

संक्षिप्त-लेखन

धर्म और मज़हब को धाराणाएं अलग-अलग हैं

'रिलीजन' शब्द 'मजहब' से भले ही मेल खाता हो, उसकी धारणा धर्म से बहुत सीमित है। धर्म की अवधारणा व्यापक है जबकि रिलीजन और मज़हब नबियों का पैगम्बरों से बंधी हुई धारणा वाले शब्द हैं। अंग्रेजों ने हिन्दू-मुसलमानों में भेद-भाव पैदा करने की नीति के अधीन धर्म का अर्थ मजहब कर दिया और प्रचार किया कि हिन्दुओं और मुसलमानों के मजहब अलग-अलग हैं। मजहब या रिलीजन में नबी या पैगम्बर में आस्था जरुरी है, धर्म में ऐसी कोई अनिवार्यता नहीं है।

मध्यकाल में मुसलमानों ने इस्लाम का प्रचार तलवार के बल पर किया, ईसाइयों ने भी ईसाइयत के प्रचार के लिए कितनी हत्याएं नहीं की। पर अब उनका तरीका बदल गया है। अब वे शिक्षा और सामाजिक सेवा की आढ़ि से अपने उद्देश्य की सिड़ियों में लगे हैं। उनका मुख्य उद्देश्य धर्मान्तरण कराना है। देश के लिए इससे बड़ा खतरा है। इसका मुख्य कारण यह है कि धर्म-परिवर्तन करने वालों का देश के प्रति भाव भी बदल जाता है। उनकी सांस्कृतिक निष्ठा बदल जाती है। राष्ट्रीयता भले ही न बदले, पर उनकी देश-भक्ति और देश की ऐतिहासिक परम्पराओं के प्रति भाव बदल जाता है। अब तक अनुभव यही बताता है।

प्रश्न—नीचे लिखे गद्यांश का संक्षिप्त लेखन उसके एक तिहाई आवश्यक में कीजिये।

गद्यांश

यह एक जटिल गुत्थी है कि धर्म की जड़ता और रूढ़िवादिता से 'व्यक्ति' मुक्त हो जाता है मगर समाज नहीं। आखिर सामूहिक रूप से यह हार किन कारणों से बार-बार होती है? जब कहीं कोई घटना घटती है तो उसमें धर्म का हस्तक्षेप 'फतवा' की हद तक तानाशाही का रूप धर बैठता है और सब कुछ पल-भर में ही अपना चोला बदल लेता है।

बहुत सोच-विचार करने के बाद इस नतीजे पर पहुंचे हैं कि इस हार का सबसे बड़ा कारण अज्ञानता है। फैसला आपके बारे में दिया जाने वाला है मगर आपको कानून का ज्ञान नहीं। अपनी जीत की इच्छा को आपका वकील पूरी करना चाहता है, मगर मैरवी आपको करनी आती नहीं; फिर तो फैसला वही होगा जो वकील चाहेगा या दूसरी पार्टी चाहेगी, यदि वह पार्टी कानून को जानती होगी।

इसीलिए आज भारतवर्ष में धर्म के नाम पर एक सियासी शक्ति अपने पैर जमा रही है क्योंकि धर्म को पुराना कहना और नकार देना बहुत आसान है, मगर उससे तर्क और कानून के स्तर पर जूझना कठिन काम है। तभी राजनेता एवं धर्म नेता बुद्धिजीवी वर्ग की अथाह कोशिशों के बावजूद अपने को शक्तिशाली पा रहे हैं और आम इंसान अपनी मुक्ति की राह नहीं खोज पा रहा है। तभी हर घर में आपको टीवी, रेफ्रीजिरेटर, गैस, ए.सी., कूलर, सोफे जरूर सजे मिलेंगे मगर उनकी औलादों के पास डिग्रियां नहीं होंगी। उनके और उनकी औरतों के दिमाग जहालत की सारी खूबियों से भरे होंगे जिसको आप कुंठा, संकीर्णता, उन्माद, कट्टरपन से

परिभाषित करते हैं। उनके पास ऐसा कोई नजरिया नहीं होता जो उन्हें अपनी चहारदीवारी से बाहर भी देखने के लिए मजबूर करे।

इस जुल्म की जिम्मेदारी उन बुद्धिजीवियों पर जाती है जो व्यक्तिगत उत्थान, स्वतंत्रता, प्रगति के संघर्ष में समाज को भूल चुके थे। उनके दुखों के बारे में लिखकर भी उनसे दूर थे। राजनेता एवं धर्मनेता के बीच उन्हें तन्हां छोड़कर उन पर लेख, सेमिनार, कहानी, उपन्यास, फिल्म बना और लिख रहे थे। जिसमें उनकी साझेदारी होकर भी नहीं थी। वह अपने को उस कहानी या फिल्म में स्वयं नहीं देख पाते थे। मेरा कहना यही है कि इस सारी व्याख्या से कि हम आम आदमी के बीच जाकर उसकी समस्या को समझें, देखें और उसकी जरूरत के अनुसार अपने कलम की नोक तेज करें और अपना नजरिया उस पर लादने से पहले उसका नजरिया समझकर उसका दुख, पीड़ा, कठिनाई, समस्या को हल करने की कोशिश करें वरना बौद्धिक हमदर्दी केवल शोध का विषय बनकर रह जाएगी और एक ही धर्म के मानने वालों के बीच फासला बढ़ेगा और वर्गों की असमानता उनको अनेक खानों में बांटकर रख देगी।

इस नतीजे पर पहुंचकर संघर्ष की तकनीक को बदलने की कोशिश की जाए और इस सच को स्वीकार किया जाए कि कैदखाने पर बाहर से हमला करना नादानी है। यदि कारावास तोड़ना है तो फिर उस दुर्ग में दाखिल होकर वार करना होगा।

संक्षिप्त-लेखन

धर्म और सामाजिक विकास

धार्मिक रुढ़ियों की पकड़ व्यक्ति से अधिक समाज पर होती है। देखा यह गया है कि व्यक्ति अपने को बदल भी लेता है, पर सामाजिक रीति-रिवाजों और धार्मिक रुढ़ियों के बदलने में बहुत देर लगती है। इसका मूल कारण हमारी अज्ञानता है। हमारी अज्ञानता का लाभ वे थोड़े से बुद्धिजीवी और राजनेता उठाते है जिनका इस समय बोलबाला है। धर्म के नेताओं की भी उनसे आसानी से सांठ-गांठ हो जाती है। वास्तव में सामाजिक उन्नति तब तक नहीं होगी जब तक उस पर से धार्मिक रुढ़ियों का शिकंजा नहीं हटेगा और जब तक समाज के बुद्धिजीवी उसके प्रति अपने दायित्व को नहीं समझेंगे। सेमिनार करना, पुस्तकें लिखना और सामाजिक बुराइयों पर भाषण देना एक बात है और उन बुराइयों के अंधकार में पड़े लोगों के साथ कंधे से कंधा मिलाकर उनके लिए कारण का प्रयत्न करना बिल्कुल दूसरी बात है।

प्रश्न—नीचे लिखे गद्यावतरण का संक्षिप्त लेखन उसके तिहाई आकार में कीजिये।

गद्यांश

किसी धर्म-विशेष के अनुयायियों की संख्या चाहे छोटी हो या बड़ी, उनके साथ धार्मिक आधार पर कोई भेदभावपूर्ण व्यवहार कम से कम राज्य की तरफ से नहीं किया जाता। यही किसी राज्य का धर्मनिरपेक्ष चरित्र माना जाता है। एक सच्चा धर्मनिरपेक्ष राज्य धर्म-विरोधी नहीं, बल्कि धर्म से निरपेक्ष होता है, जिसको देख-रेख में छोटे-बड़े सभी धर्मों को फलने-फूलने के समान अवसर प्राप्त होते हैं। आज से पचास साल पूर्व जब स्वाधीन भारत का जन्म हुआ था, तब यह अपने विभाजन की कीमत पर भी अपने धर्मनिरपेक्ष चरित्र और प्रतिबद्धता पर मजबूती

से अड़ा रहा, क्योंकि अपने बहुलतावादी स्वरूप को बचाये रखकर ही यह एक सनातन राष्ट्र के रूप में अपनी पहचान की रक्षा कर सकता था। यह पहचान इस देश की विशिष्टता है, जो परंपरा और आधुनिकता के बीच अंतःसलिला की तरह प्रवाहित हो रही है। इस देश के कठमुल्ले अतीतवादियों को न तो अपनी परंपरा और पहचान की कोई समझ है और न ही उन्हें हिन्दुत्व का ही कोई ज्ञान है। वे आज नेहरू को इस बात के लिए कोसते हैं कि उन्होंने इस देश के चरित्र और संविधान को 'जबरन धर्मनिरपेक्ष बनवाकर इसका बड़ा अहित किया है।' जबकि नेहरू ने इस देश के परंपरा की जीवंतता और निरंतता को बचाये रखने की गरज से धर्मनिरपेक्षता पर जोर दिया था। नेहरू इतिहास-संस्कृति और परंपरा के गंभीर अध्येता थे और अपनी गहरी अंतर्दृष्टि से यह जानते थे कि भारत शुरू से एक बहुधर्मी देश रहा है और यदि इसके इस चरित्र की किसी तरह रक्षा नहीं की गयी तो यह विखंडित हो जाएगा। इसके लिए आधुनिक समय में धर्मनिरपेक्षता से बेहतर कोई दूसरी मान्यता नहीं हो सकती थी। गांधी का सर्वधर्म समभाव, यानि सभी धर्मों को एक नजर से देखना और सबको समान अवसर देना भी एक तरह की धर्मनिरपेक्षता ही है। यह अलग बात है कि उनके इस सिद्धांत को उनके आस्तिक व्यक्तित्व के साथ गड्ड-मड्ड करके लोग कई बार मनमाना निष्कर्ष निकाल लेते हैं।

संक्षिप्त-लेखन

धर्म निरपेक्षता का अर्थ

धर्मनिरपेक्षता व्यक्ति में नहीं वरम् राज्य में अपेक्षित है। राज्य के धर्म निरपेक्षता होने का तात्पर्य यह है कि वह सभी धर्मों और सम्प्रदायों के प्रति समान भाव रखे। भारत एक ऐसा ही धर्म निरपेक्ष देश है। धर्म निरपेक्षता के सिद्धान्त की रक्षा के लिए ही उसने अपना विभाजन स्वीकार किया। यही देश की शाश्वत पहचान रही है। नेहरू पर दोषारोपण गलत है कि उन्होंने हमारे देश को धर्म-निरपेक्ष राष्ट्र बनाया। वस्तुतः हमारा देश सदा से बहुलतावादी रहा है और धर्म-निरपेक्षता उसकी ऐतिहासिक परम्परा का अंग है। वह बहुधर्मी देश है। इस समय जो कट्टरतावादी तत्व देश में धार्मिक उन्माद फैला रहे हैं वे स्वार्थों के कारण देश का घोर अहित कर रहे हैं।

प्रश्न—नीचे लिखे अवतरण का संक्षिप्त लेखन उनके एक तिहाई आकार में किजिये।

गद्यांश

भारत की आदिवासी-जातियों के जीवन और सामाजिक संरचना के प्रायः सभी प्रमुख अध्येता और नृतत्व-शास्त्री यह मानते हैं कि अधिकांश आदिवासी जातियों की 'आर्य हिन्दूवाद धारा' से कभी कोई सम्बद्धता नहीं रही। हिन्दुओं से अलग उनकी अपनी विशिष्ट धार्मिक मान्यताएं और आस्थाएं हैं। भौगोलिक और राजनीतिक, आर्थिक कारणों से उनकी हिन्दुओं से निकटता जरूर रही और इस कारण कालांतर में उनके आचार-विचार पर हिन्दू समाज का प्रभाव भी पड़ा। पर इससे उनकी विशिष्ट धार्मिक-आस्था की अंतर्वस्तु नहीं परिवर्तित हुई। यही कारण है कि उनकी धार्मिक मान्यताएं हिन्दू धर्मावलंबियों से बिल्कुल अलग हैं। मसलन, आदिवासियों के समज में कोई वर्ण-व्यवस्था नहीं है। उनके यहां 'पुरोहितवाद' के लिए कोई जगह नहीं है। उनके पर्व-त्यौहार ही नहीं, देवी-देवता और गोत्र आदि की धारणाएं भी 'आर्य वंशी हिन्दुओं' से बिल्कुल अलग हैं। जन्म एवं मृत्यु के समय के संस्कार और विधि-विधान तक भिन्न हैं।

आदिवासी धर्म में प्रकृति, पर्यावरण, पशु-पक्षी और वन-वनस्पतियों का प्रमुख स्थान है। उनके अधिकांश देवी-देवता भी प्रकृति और वन-वनस्पति से जुड़े हैं। गुजरात के डांगी आदिवासियों के आराध्य देव अगर 'डूंगर देव' और पर्वत, नदी, वृक्ष और वन्य जीव हैं तो झारखंडी-आदिवासी 'बोंगा' या 'सिंगबोंगा' की पूजा करते हैं। आदिवासियों के गोत्र चिह्न (टोटम) भी पशु-पक्षी या पौधों के नाम पर होते हैं और इसीलिए वे अपने गोत्र चिह्न के प्रति गहरी श्रद्धा रखते हैं। उनके पूजा-स्थल, मंदिर, मस्जिद या गिरजाघर नहीं, अपितु 'सरना' (विभिन्न क्षेत्रों में इसके अलग-अलग नाम हैं) या वन क्षेत्र में मौजूद कुछ खास-किस्म के पेड़-पौधे होते हैं।

आदिवासियों की भाषा, संस्कृति और धार्मिक-दर्शन भी अलग हैं। उदाहरण के लिए, झारखंड के आदिवासियों की भाषाएं आस्ट्रिक (मुंडा) तथा द्रविड़ भाषा परिवार की हैं। गुजरात के डांगी आदिवासियों की मूल डांगी भी आर्य भाषा परिवार की नहीं है। उरांव आदिवासी समूह जिसका कथित 'संस्कृतीकरण' सर्वाधिक बताया जाता है, की 'कुरूख' भाषा द्रविड़ परिवार से सम्बद्ध है। वेदों, उपनिषदों और पुराणों को आदिवासियों ने कभी अपनी बौद्धिक, धार्मिक विरासत के तौर पर नहीं स्वीकार किया।

आदिवासियों की अपनी अलग धार्मिक मान्यताएं हैं, जो आर्य-हिन्दू धर्म से गुणात्मक रूप से भिन्न हैं। अलग-अलग क्षेत्रों के आदिवासियों ने अपने-अपने धर्मों का अलग नामकरण कर रखा है। चूंकि उनके धर्म प्राक्-आर्य युग से चले आ रहे हैं, इसलिए वे सबसे पुराने भी हैं।

संक्षिप्त-लेखन

आदिवासी और हिन्दुत्व

प्रायः सभी नृतत्त्व विज्ञान के अध्येताओं का यह निष्कर्ष है कि भारत में बसने वाली आदिवासी जातियों का आर्य हिन्दूवादी धारा से कभी कोई जातिगत सम्बन्ध नहीं रहा। आदिवासियों की सदा से अपनी धार्मिक आस्थाएं और मान्यताएं रही है। उनका खान-पान, रहन-सहन, सामाजिक परम्पराएं हिन्दुओं से सर्वथा भिन्न रही हैं। वे अधिकतर प्राकृतिक शक्तियों की पूजा करती हैं और उनके अपने अलग-अलग देव या देवता है। उनके पूजा-स्थल भी भिन्न हैं। उनकी भाषा भिन्न है। उनके यहां पुरोहितवाद को कोई स्थान नहीं है। अतः उन्हें हिन्दू धर्मावलम्बी समझना या बताना सरासर गलत है।

प्रश्न—निम्नलिखित गद्यांश का संक्षिप्त लेखन अपने एवं तिहाई आकार में कीजिये।

गद्यांश

हम उस सहस्राब्द के अंतिम वर्ष में हैं जिसका इतिहास अतिशः रक्तरंजित है। धर्माधंता का दौर-दौरा धर्म के कट्टरपंथियों ने चलाया, इस्लाम और ईसाई धर्मानुयाइयों में तीन सौ वर्ष लम्बा क्रुसेड या जिहाद भी चला। स्पेन में विशेषकर मुस्लिम मूर समुदाय पर तो इसाइयों के नाम पर कुछ धर्मांध लोगों ने भारी जुल्म किये। इलाक, चंगेजखां, तैमूरलंग और नादिरशाह जैसे लुटेरे सेनाधिपतियों ने तबाहियां मचाई। अमरीकी महाद्वीप और आस्ट्रेलियाई प्रायद्वीपों की खोज के बाद यूरोप के उपनिवेशवादियों ने उन विशाल क्षेत्रों के मूल निवासियों का सफाया भी बड़े पैमाने पर किया।

इसी सहस्राब्द में तुर्कों का उस्मानी साम्राज्य पश्चिमी एशिया और बाल्कान के देशों पर क्रूर

शासन करता रहा। गौरवर्ण स्वामियों ने अमरीका के लोगों को गुलाम बनाकर उनको बंधुआ जीवन से प्रताड़ित भी किया। भारत से भी ऐसे बंधुआ श्रमिक भिन्न-भिन्न देशों में ले जाए गए। रूसी साम्राज्य भी दूर तक फैला हुआ था। किंतु पश्चिमी यूरोप में औद्योगिक क्रांति के दौरान और उसके बाद जो शोषण और तबाही एशिया, अफ्रीका और दक्षिणी अमरीका की जनता पर लादी गई उसका अंत तो पूरी तरह से अभी तक नहीं हुआ है। जर्मनी में लाखों यहूदी धर्मानुयायियों की हत्या नाजी तानाशाही ने की और आपसी धर्मांधता से प्रेरित हिंसा और प्रतिहिंसा ने भारत उपमहाद्वीप में लाखों के प्राण लिये। अमरीका में भी सेंट्रल अफ्रीकी गणराज्य जाइरे, अंगोला, नाइजीरिया व अन्य देशों में विभिन्न कबीलाई समुदाय वैसी ही हिंसा में लगे हुए हैं।

सहस्राब्द की अंतिम शताब्दी में दो विश्वयुद्ध हुए तो सैकड़ों छोटे-बड़े युद्ध भी हुए। सोवियत संघ में साम्यवाद के नाम पर एक व्यक्ति या दल का अधिनायकवाद भी चला और दक्षिण अफ्रीका के अश्वेत प्रजातीय नफरत, लूट-खसोट और हिंसा के शिकार भी बने। देशी तानाशाही ने दक्षिण अमरीका और अफ्रीका में भारी जुल्म किये तो यहूदी राष्ट्र को स्थापना के एवज फिलस्तीन में लाखों को उनके घरों से उजाड़ दिया गया। दूसरे विश्व युद्ध को खत्म करने के नाम पर अणु बमों का प्रयोग किया गया और उसके बाद अमरीका, रूस, चीन, फ्रांस और इंग्लैंड ने पूरी दुनिया पर अपनी आणविक शक्ति की धौंस भी जमाई। उधर पहले वियतनाम और फिर इराक को अमरीकी युद्धप्रियता का मजा चखना पड़ा।

इसी शताब्दी में उपनिवेशवाद भी खत्म हुआ और जर्मनी, इटली, पुर्तगाल, यूनान और बहुत से दक्षिण अमरीकी देशों, जैसे पीले व अर्जेन्टीना का अधिनायकवादी शासन भी। कम्बोडिया में पोलपाट भी इसी गिनती में आते हैं। अलबत्ता, तिब्बत पर चीन की जबरदस्ती और म्यांम्यार में सेना की तानाशाही अभी तब बरकरार है। यदि भारी उपलब्धि विगत डेढ़ सौ वर्षों और विशेषकर साठ वर्षों में हुई तो यही कि यांत्रिकी का कल्पनातीत विकास हुआ और पुरानी महामारियों का निवारण किया गया। विकसित देशों में कल्याण राज भी स्थापित हुए और सामाजिक सुरक्षा प्रत्येक व्यक्ति को उपलब्ध भी हुई। लोकतांत्रिक व्यवस्थाओं का भी काफी विस्तार हुआ। धार्मिक सहिष्णुता को एक महत्वपूर्ण मूल्य मान लिया गया। दास प्रथा बिल्कुल खत्म हो गई। सोमालिया और चीन के दो बड़े अकालों में तो जरूर लाखों के प्राण गए अन्यथा भूख की समस्या काफी संभली। शिक्षा के प्रसार और सूचना माध्यमों की उन्नति भी इस शताब्दी की मूल्यवान उपलब्धियां हैं।

परंतु ज्यों-ज्यों यह शताब्दी खात्मे की दिशा में बढ़ रही है और सहस्राब्द का अंतिम वर्ष आ गया है, मानव कल्याण के विस्तार की संभावनाओं पर प्रश्नचिह्न लगने लगे हैं। आणविक निरस्त्रीकरण की दिशा में कोई प्रगति नहीं हो रही है, बल्कि एक ओर आणविक अप्रसार-संधि से गैर अणु-शक्ति-सम्पन्न देशों को बांधा जा रहा है तो दूसरी ओर चीन, फ्रांस व अमरीका आणविक परीक्षण और अस्त्रों का निर्माण करते ही जा रहे हैं।

संक्षिप्त-लेखन

बीसवीं शताब्दी की उपलब्धियाँ और आगे की संभावनाएं

हम बीसवीं शताब्दी के अंतिम वर्ष में हैं हम पिछले एक हजार वर्षों के इतिहास पर दृष्टिपात करें तो उसके पन्ने जहां धार्मिक और राजनैतिक महत्त्वाकांक्षी नर-हत्याओं द्वारा बहाए गये रक्त की बूंदों से रंजित मिलेगे वही मानव-संसार के विस्तार भी गाथा भी मिलेगी। इसी एक

हजार वर्षों में तुर्की आदि अनेक राज्यों का उत्थान और पतन हुआ और नाना कारणों से थोपे गये युद्धों में अगणित लोगों की जानें गई। हमारी इसी सदी में दो विश्वयुद्ध हुए और योरपीय देशों द्वारा स्थापित उपनिवेशों की कब्रों पर नये नये स्वतंत्र राष्ट्रों का उदय हुआ। इतना होने पर भी तिब्बत पर चीन की तानाशाही अभी कायम् है और म्यामार एक बार स्वतंत्र होकर भी अपने ही देश की अधिनायकशाही की पीड़ा भोग रहा है। विज्ञान के पग निरन्तर आगे बढ़ रहे हैं, अणुबम के रूप में उसने जहां विनाश के उपकरण तैयार कर दिये हैं, वहीं दुनिया को भुखमरी से बचने के उपाय भी बताये हैं। सामाजिक सुरक्षा की भावना बढ़ी है और धर्मान्धता कम हुई हैं। निरस्त्रीकरण की बातें हो रही है, पर परमाणु अस्त्रों की होड़ में कभी नहीं है। अतएव मानव जाति ऐसे चौराहे पर खड़ी है, जहां एक ओर विनाश की खाई है तो दूसरी ओर असीम उन्नति की संभावनाएं हैं।

प्रश्न—निम्नांकित गद्यांश का संक्षिप्त लेखन उसके एक तिहाई आकार में कीजिये।

गद्यांश

प्रधानमंत्री अटल बिहारी वाजपेयी ने दक्षिण गुजरात के दंगा पीड़ित इलाकों का दौरा करने के बाद वही सब कुछ कहा है जो उनकी पार्टी के नेता पहले से कह रहे हैं। उन्होंने यह तो माना है कि वहां ईसाइयों पर ज्यादतियां हुई हैं, लेकिन कानून व्यवस्था की स्थिति ठीक न रख पाने के लिए जिलाधीश और पुलिस अधीक्षक को दोषी माना है और केशुभाई सरकार को क्लीन चिट दे दिया है। उन्होंने दो गांधीवादी नेताओं की इस टिप्पणी को तो गंभीर माना है कि धर्मान्तरण के कारण डांग क्षेत्र में उपद्रव शुरू हुआ, लेकिन धर्मान्तरण रोकने के नाम पर जो ज्यादतियां हुई हैं, उन्हें बहुत हल्की घटना के रूप में लिया। साथ ही यह भी कहा कि वह चाहते हैं कि धर्मान्तरण के सवाल पर राष्ट्रीय स्तर पर बहस हो। गुजरात सरकार को भंग करने की पूर्व प्रधानमंत्री देवगौड़ा और कांग्रेस अध्यक्ष सोनिया गांधी की मांग को तो उन्होंने राजनीति से प्रेरित बताकर खारिज कर दिया, लेकिन वह इस बात को नजरंदाज कर गए कि हिन्दू जागरण मंच ने उनके सुझाव को मानने से ही इनकार कर दिया है। वाजपेयी ने सुझाव दिया था कि जो ईसाई धर्म-स्थान क्षतिग्रस्त हुए हैं उनकी मरम्मत सब लोग मिल कर करें, लेइन हिन्दू जागरण मंच के नेता ने साफ कहा कि वह इस काम के लिए एक पैसा नहीं देंगे और साथ ही यह भी कहा कि जो ईसाई मिशनरी दक्षिण गुजरात में सक्रिय हैं उन्हें वहां से बाहर निकालने की कार्रवाई की जाए। वाजपेयी को इस तेवर से यह अंदाज जरूर लगा लेना चाहिए कि केशुभाई पटेल की सरकार में इन हिन्दू जागरण मंच वालों के हौसले कितने बुलंद हैं। जहां तक धर्मान्तरण के सवाल पर बहस चलाने की बात है तो स्वयं वाजपेयी ने डांग क्षेत्र में एक ऐसे व्यक्ति से बातचीत की जिसने धर्म बदल लिया है। उसने कहा कि वह गरीबी से तंग आकर धर्म परिवर्तन कर रहा है। सवाल है कि लोगों की ग़रीबी, बेरोजगारी दूर करने के लिए या कम से कम उस मांग को उठाने के लिए तो कोई मंच नहीं बन रहा है, लेकिन धर्मान्तरण रोकने के लिए लोग काफी उत्साहित नजर आ रहे हैं। यदि यह सही है कि कुछ लोगों को ईसाई मिशनरियों ने धर्म परिवर्तन के लिए तैयार किया तो उन्हें समझा-बुझाकर धर्मपरिवर्तन न करने के लिए क्यों नहीं कहा गया? क्या उसका तरीका यही है कि जोर-जबर्दस्ती करके, उन्हें मारपीट कर और मकानों में आग लगाकर धर्मपरिवर्तन से रोका जाय। धर्म का संबंध यदि आस्था से है तो क्या जोर-जबरदस्ती से आस्था या पुनः आस्था पैदा की जा सकती है? जहां तक कानून और संविधान का सवाल है तो धर्म के मामले में राज्य को निरपेक्ष रहना होगा और नागरिकों को धार्मिक स्वतंत्रता प्राप्त है। यदि कोई नागरिक अपनी धार्मिक स्वतंत्रता का

उपयोग करना चाहता है तो जोर-जबर्दस्ती से उसे कैसे रोका जा सकता है? सामान्यतः कोई व्यक्ति धर्म को छोड़ता नहीं है, क्योंकि वह अपने पूर्वजों या परिवार वालों द्वारा अपनाए गए धर्म के पालन में लगा रहता है।

असलियत तो यह है कि लोगों के सामने असली समस्या धर्म की नहीं बल्कि रोजी-रोटी की है। धर्म का मुद्दा उछालकर रोजी-रोटी की समस्या को दबाया नहीं जा सकता। समझाने-बुझाने का रास्ता तो सबके लिए उपलब्ध है। यदि इस मामले में सोचने की बात है तो यह है कि आखिर कोई धर्म बदलने को तैयार ही क्यों होता है। लेकिन वाजपेयी जी को यह नहीं भूलना चाहिए कि नागरिकों को जीने का अधिकार मिला हुआ है और धर्मान्तरण रोकने के नाम पर यदि कोई व्यक्ति किसी व्यक्ति से उसके जीने का अधिकार छीनना चाहता है या इस तरह की धमकी देता है तो वह कानूनी जुर्म है और उसके खिलाफ कार्रवाई होनी चाहिए। गुजरात सरकार इस बात के लिए जिम्मेदार है कि पहले वहां अल्पसंख्यक मुस्लिम समुदाय पर हमला हुआ और उसके बाद ईसाइयों को निशाना बनाया गया। गुजरात सरकार कानून व्यवस्था न संभाल पाने की भी दोषी है। प्रधानमंत्री द्वारा राज्य सरकार को क्लीन चिट देना किसी तरह से उचित नहीं है।

संक्षिप्त-लेखन

धर्मान्तरण से जुड़ी समस्याएं

गुजरात के दंगा पीड़ित डांग क्षेत्र का दौरा करने के बाद प्रधानमंत्री ने ईसाइयों पर हुए हमलों के बारे में राज्य सरकार को निर्दोष पाया और केवल स्थानीय शासन को दोषी ठहराया। धर्मान्तरण के विषय पर उन्होंने राष्ट्रीय स्तर पर बहस की वकालत की। उनका यह सुझाव स्थानीय जागरणमंच को मान्य नहीं हुआ कि ईसाइयों के जो धर्म स्थान क्षतिग्रस्त हुए हैं उन्हें ठीक करा दिया जाय। जो लोग धर्मान्तरण कर रहे हैं उन्हें रोकने के लिए जागरण मंच जोर जबर्दस्ती तक करने को तैयार है, किन्तु वे अपना धर्म क्यों बदल रहे हैं, इसके कारण मं जाने का उत्सुकता किसी में नहीं है। वस्तुतः उनकी गरीबी और बेरोजगारी ही उन्हें अपने बाप-दादों का धर्म छोड़कर ईराई धर्म स्वीकार करने को मजबूर कर रही है। किसी धर्म को मानना न मानना यह हर व्यक्ति का संवैधानिक अधिकार है। राज्य सरकार का दायित्व है कि वह उस अधिकार की रक्षा करें।

प्रश्न—निम्नलिखित गद्यांश का संक्षिप्त वर्णन कीजिये जो आकार में उसका एक तिहाई।

गद्यांश

भारत और अमरीका विश्व के दो सबसे बड़े लोकतांत्रिक देश हैं और इनके बीच आपसी संबंधों में जैसी आत्मीयता और स्थिरता होनी चाहिए, वह दुर्भाग्य से अमरीकी प्रशासन की अहंकारी मानसिकता और परस्पर विरोधी नीतियों के कारण अभी तक विकसित नहीं हो पाई है। भारत द्वारा पोखरण में दूसरी बार परमाणु परीक्षण के बाद तो उसकी बौखलाहट इस सीमा तक बढ़ गई है कि उसने विज्ञान में पूरे विश्व की सहभागिता के सर्वमान्य आदर्श को ताक पर रखकर अपने आठ वरिष्ठ वैज्ञानिकों को मुम्बई में टाटा इंस्टीट्यूट आफ फंडामेंटल रिसर्च द्वारा आयोजित अंतर्राष्ट्रीय गोष्ठी में शामिल होने की अनुमति देने से इनकार कर दिया। अपने इस निर्णय से भारत को अमरीका क्या संदेश देना चाहता है, यह तो अभी स्पष्ट नहीं हुआ है, लेकिन अमरीकी ऊर्जा विभाग की सहायता से चल रही फेरमी नेशनल एसीलिरेटर लैब के

निदेशक ने अपनी सरकार के इस कदम पर गहरी निराशा प्रकट करते हुए यहां तक कहा है कि शीतयुद्ध के सबसे भयावह दौर में भी हमने रूस तक से ऐसा व्यवहार नहीं किया। उन्होंने यह भी बताया कि शिकागो में फेरमी लैब की इमारत के बाहर संयुक्त राष्ट्र मुख्यालय पर विभिन्न देशों के जो झंडे लगे हुए थे, उनमें से भारत का झंडा पिछली गर्मी में अमरीकी ऊर्जा विभाग ने एक लिखित आदेश द्वारा हटवा दिया था।

यहाँ यह भी उल्लेखनीय है कि अमरीका ने गत वर्ष अपने यहां आयोजित एक अंतर्राष्ट्रीय वैज्ञानिक गोष्ठी में भारतीय परमाणु कार्यक्रम के प्रमुख श्री आर.चिदम्बरम् को वीसा देने से इनकार कर दिया था। इस पर जब तीखी प्रतिक्रिया हुई तो उसने यह भ्रम फैलाया कि श्री चिदम्बरम् ने वीसा के लिए अपना आवेदन वापस ले लिया था। अमरीका का यह आचरण लोकतंत्र के प्रति उसकी निष्ठा पर गहरा प्रश्न चिह्न लगाने के साथ भारत-अमरीकी संबंधों पर नए सिरे से विचार करने की आवश्यकता भी प्रकट करता है। पोखरण में दूसरे परीक्षण के बाद भारत और अमरीका के बीच उच्च स्तर पर बातचीत के आठवें दौर पूरे हो चुके हैं और अगला दौर भी शीघ्र ही शुरू होने वाला है। इसके बावजूद अमरीका दक्षिण एशिया की सामरिक आवश्यकताओं और जटिलताओं को समझने से इन्कार कर भारत पर अपना दबाव बढ़ाए रखने की नीति पर ही चल रहा है। स्वतंत्रता के बाद अत्यंत प्रतिकूल परिस्थितियों में भी भारत अपने लोकतंत्र की रक्षा कर सका है, इस तथ्य की अनदेखी कर क्लिंटन अब भी पाकिस्तान और चीन को ही शह देने पर तुले हुए हैं। जो देश लोकतंत्र की कसौटी पर खरे नहीं उतरे हैं, उनसे अमरीका की घनिष्ठता से उसकी साम्राज्यवादी आकांक्षाओं एवं व्यापारिक मानसिकता का ही परिचय मिलता है। उसकी रुचि केवल भारत के विशाल बाजार में है और अपने उद्योगपतियों एवं व्यापारियों के स्वार्थ पूरे करने के लिए ही वह भारत से बातचीत का दिखावा कर रहा है। ऐसी स्थिति में दोनों देशों के बीच बातचीत के नौवे दौर से कुछ आशा रखना दिवास्वप्न ही होगा।

संक्षिप्त-लेखन

अमेरिकी दंभ

अमेरिका और भारत में विश्व के दो सबसे बड़े लोकतंत्र है, फिर भी दोनों के सोच और व्यवहार में बड़ा अन्तर है। मुख्य कारण अमेरिकी दंभ है। भारत के दूसरे पोखरण विस्फोट के बाद तो जैसे अमेरिकी बौखलाहट अपने चरम पर पहुँच गई है। उसने अपने आठ वरिष्ठ वैज्ञानिकों को भारत में आयोजित अन्तर्राष्ट्रीय गोष्ठी में आने की अनुमति नहीं दी और न ही भारतीय परमाणु कार्यक्रम के प्रमुख आर.चिदम्बरम् को अपने यहाँ होने वाली एक वैज्ञानिक गोष्ठी में जाने का वीसा दिया। शिकागो के एक शोध संस्थान के बाहर संयुक्त राष्ट्र संघ की इमारत पर फहराने वाले भारतीय झंडे को भी उसने हटवा दिया। अमेरिका की ऐसी करतूतों पर स्वयं उसी के एक वरिष्ठ वैज्ञानिक की प्रतिक्रिया है कि शीत युद्ध के सबसे भयावह दौर में भी हमने रूस से ऐसा व्यवहार नहीं किया।

भारत अमेरिका से रिश्ते सुधारने की अपनी नीति पर अटल है। अमेरिका को भी दंभ छोड़कर ऐसी ही नीति अपनानी चाहिए।

प्रश्नोत्तर रूप में संक्षिप्त-लेखन के पर्याप्त उदाहरण पिछले पृष्ठों में दिये जा चुके हैं। अब पत्र-व्यवहार सम्बन्धी संक्षिप्त-लेखन के कुछ उदाहरण आगे दिये जाते हैं।

पत्र-व्यवहार सम्बन्धी संक्षिप्त-लेखन दो प्रकार का होता है:—

1—प्रवाह-संक्षेप (Running Precis)

2—तालिका-संक्षेप (Tabular Precis) या सारणी-संक्षेप।

आगे दिये हुए उदाहरणों से पाठक को पत्र-व्यवहार सम्बन्धी संक्षिप्त-लेखन के उपरोक्त दोनों रूपों का भली-भाँति ज्ञान हो जायेगा। प्रतियोगिता परीक्षाओं के पत्र-व्यवहार सम्बन्धी संक्षिप्त-लेखन के प्रश्नों में प्रायः दोनों ही रूप के संक्षिप्त-लेख लिखने का आदेश रहता है। निम्नलिखित उदाहरण इसी क्रम के अनुसार है।

प्रश्न 1— निम्नांकित पत्र-व्यवहार का प्रवाह-संक्षेप देते हुये उसे तालिका-संक्षेप या सारणी-संक्षेप में भी प्रस्तुत कीजिये:—

प्रेषक,

श्री योगेन्द्र नारायण,
मुख्य सचिव, उत्तर प्रदेश शासन,
सचिवालय, लखनऊ।

सेवा में,

श्री राजीव गुप्त,
आयुक्त, गोरखपुर मण्डल,
गोरखपुर।

पत्रांक 419-38/12/98 दिनांक 20-10-98

विषय : पूर्वांचल के जनपदों में मस्तिष्क ज्वर के प्रकोप के संबंध में।

महोदय,

शासन को जानकारी मिली है कि हाल में आई भीषण बाढ़ के उतर जाने के बाद अब पूर्वांचल क्षेत्र में मस्तिष्क ज्वर का प्रकोप फैल रहा है जिसके फलस्वरूप प्रतिदिन मौतें हों रही हैं।

मुझे आप से यह कहने का निदेश हुआ है कि इस सम्बन्ध में अविलम्ब कार्यवाही करके तथ्यों का संग्रह किया जाय और शासन को उनसे अवगत कराया जाय। यह भी सूचित करने का कष्ट करें कि मस्तिष्क ज्वर से पीड़ित मरीजों के उपचार की आपके अधीनस्थ जनपदों में क्या व्यवस्था हुई है। मुख्य मंत्री जी यह भी जानना चाहते हैं कि इस रोग का प्रसार रोकने के लिए जनस्वास्थ्य विभाग की ओर से क्या कार्यवाही की जा रही है।

भवदीय
योगेन्द्र नारायण
मुख्य सचिव

प्रतिलिपि :

(1) निदेशक, जनस्वास्थ्य सेवायें, उत्तर प्रदेश, लखनऊ को सूचनार्थ एवं आवश्यक कार्यवाही हेतु।

(2) गोरखपुर मण्डल के सभी जिलाधिकारी।

(3) गोरखपुर मण्डल के सभी जनपदों के मुख्य चिकित्साधिकारी को सूचनार्थ एवं अविलम्ब कार्यवाही हेतु।

(4) सचिव, स्वास्थ्य विभाग, सचिवालय, लखनऊ।

(5) मुख्य मंत्री जी के प्रधान सचिव को, उनसे हुई वार्ता के संदर्भ में।

प्रेषक

श्री राजीव गुप्त,
आयुक्त, गोरखपुर मण्डल,
गोरखपुर।

सेवा में,

श्री योगेन्द्र नारायण,
मुख्य सचिव, उत्तर प्रदेश शासन,
सचिवालय, लखनऊ।

पत्र सं. 317-68/98 दिनांक 23-10-1998

विषय : गोरखपुर मण्डल में फैले मस्तिष्क ज्वर के संबंध में।

महोदय,

आपके पत्र सं. 419-38/12/98 दिनांक 20-10-98 के संदर्भ में निवेदन है कि नदियों में जल का स्तर घटने से जहां बाढ़ की विभीषिका से लोगों को कुछ राहत मिली है वहीं ग्रामीण क्षेत्रों में मलेरिया के मच्छरों की बाढ़-सी आ गई है। इनके निराकरण के लिए साधन अभियान चलाया जा रहा है, किन्तु मलेरिया ज्वर से भी भयानक मस्तिष्क ज्वर का प्रक्रोप इस समय पूरे गोरखपुर और पार्श्ववर्ती मण्डलों में फैल रहा है। मस्तिष्क ज्वर ने एक प्रकार से महामारी का रूप ले लिया है। मिली जानकारी के अनुसार बस्ती, आजमगढ़ और गोरखपुर मण्डलों को मिला कर अब तक मस्तिष्क ज्वर से 137 मौतें हो चुकी हैं। यह संख्या मेडिकल कालेज और अन्य अस्पतालों में भरती हुये मरीजों पर आधारित है। वास्तविक मृत्यु-संख्या इससे भी अधिक हो सकती है।

सितम्बर से इस रोग ने पाँव पसारना शुरू कर दिया था, लेकिन इसकी जानकारी स्वास्थ्य अधिकारियों को विलम्ब से मिली। तब तक इसका रूप व्यापक बन चुका था। पूर्वांचल के सभी प्रभावित मण्डलों में एक समन्वित योजना लागू कर दी गई है। चिकित्सकों के दल ग्रामीण क्षेत्रों का दौरा कर रहे हैं। मस्तिष्क ज्वर से पीड़ित मरीजों को उपचार हेतु पास के अस्पतालों

में भरती कराया जा रहा है। अब तक की जांच से पता लगा है कि यह ज्वर एक विशेष प्रकार के मच्छर के काटने से होता है। उससे बचने के उपायों का प्रचार युद्ध-स्तर पर किया जा रहा है।

इस सम्बन्ध में विस्तृत सूचना शासन को शीघ्र प्रेषित की जायेगी।

भवदीय

राजीव गुप्त

आयुक्त

पृष्ठांकन सं. 317-68/19/98 दिनांक 23-10-98

प्रतिलिपि :

(1) अपर निदेशक, चिकित्सा, स्वास्थ्य एवं परिवार कल्याण, गोरखपुर को मुख्य सचिव उत्तर प्रदेश शासन के पत्र की प्रतिलिपि के साथ इस आशय से प्रेषित है कि वह अपने क्षेत्र में फैले मस्तिष्क ज्वर के विस्तार और कारणों की जांच का विस्तृत विवरण यथाशीघ्र भेजें और यह भी बताने का कष्ट करें कि इस रोग की रोकथाम के लिए अब तक क्या उपाय किये गये हैं।

(2) सभी जनपदों के मुख्य चिकित्सा अधिकारियों को सूचनार्थ एवं अविलम्ब कार्यवाही हेतु।

प्रेषक,

डा० डी.पी. सिंह,

अपर निदेशक, चिकित्सा, स्वास्थ्य एवं परिवार कल्याण,

गोरखपुर मण्डल, गोरखपुर।

सेवा में,

श्री राजीव गुप्त,

आयुक्त, गोरखपुर मण्डल,

गोरखपुर,

पत्रांक 2786-25/5/98 दिनांक 25-10-1998

विषय : मस्तिष्क ज्वर के प्रसार और उसकी रोक-थाम के संबंध में।

महोदय,

आपके पृष्ठांकन संख्या 317-68/98 दिनांक 23-10-98 के संदर्भ में निवेदन है कि जनपदों में फैले मस्तिष्क ज्वर के मरीजों के उपचार और इस रोग के निराकरण के लिए कार्यवाही पूरे मण्डल में युद्ध-स्तर पर जारी है। प्रभावित क्षेत्रों में डाक्टरों की टीमें भेज दी गई हैं और उनके द्वारा कृत कार्यवाही का अनुश्रवण प्रतिदिन किया जा रहा है। ग्रामीण क्षेत्रों में, जहाँ यह रोग उग्र रूप में फैला है, इसके कारणों की जानकारी आम जनता को देने के लिये सघन अभियान

चलाया जा रहा है। प्राथमिक चिकित्सा केन्द्रों, विकास खण्ड के कार्यालयों, सार्वजनिक स्थलों पर इश्तहार लगा दिये गये हैं कि यह बीमारी एक विशेष प्रकार के विषाणु या वायरस से होती है जिसे 'जापानी इन्सेफ्लाइटिस' भी कहते हैं। एक विशेष प्रकार की मादा मच्छर जब सूअर को काटती है तो सुअर के रक्त से यह बीमारी मादा मच्छर में पहुँचती है। यही मच्छर मनुष्यों को काटकर मस्तिष्क ज्वर के विषाणु उनमें पहुँचाते हैं। इसका लक्षण अचानक तेज बुखार, सिर में दर्द, गर्दन की अकड़न, उल्टी, मदहोशी, झटकों का आना तथा बेहोशी है। इन लक्षणों के किसी व्यक्ति में प्रकट होते ही उसे तुरन्त पास के डाक्टर या अस्पताल में ले जाना चाहिये। इस बीमारी का समय पर इलाज न किया गया तो मरीज की मौत निश्चित है। इस बीमारी की इलाज से अच्छा उससे बचाव है। इस बीमारी से कुछ मरीज मानसिक रूप से असंतुलित, बहरे, अंधे या लकवाग्रस्त हो जाते हैं। इस बीमारी के फैलने में सूअरबाड़े की खास भूमिका होती है। इसलिये सुअरबाड़ों को मच्छरों से मुक्त रखने के लिये विशेष सावधानी बरतनी चाहिये। सुअरबाड़ों के चारों ओर समय-समय पर फागिंग जरूर करानी चाहिये।

उपर्युक्त सूचनाओं का व्यापक स्तर पर प्रचार किया जा रहा है और आम जनता में इसका अनुकूल असर भी दिखाई दे रहा है।

भवदीय
डी. पी. सिंह
अपर निदेशक

उत्तर 1 : उपर्युक्त पत्र-व्यवहार का प्रवाह-संक्षेप निम्नवत् हैः—

गोरखपुर और पार्श्ववर्ती मण्डलों में फैले मस्तिष्क ज्वर के सम्बन्ध में जानकारी होने पर मुख्य सचिव श्री योगेन्द्र नारायण ने गोरखपुर के आयुक्त श्री राजीव गुप्त को सम्बोधित दिनांक 20 अक्टूबर 1998 के पत्र द्वारा विस्तृत विवरण देने को कहा। उत्तर में आयुक्त श्री राजीव गुप्त ने 23 अक्टूबर 1998 के पत्र में सूचित किया कि मस्तिष्क ज्वर पूर्वांचल में महामारी का रूप ले चुका था। और तब तक 137 मौते हो चुकी थीं। रोग की रोक-थाम के लिये युद्ध-स्तर पर कार्य हो रहा था। मरीजों के उपचार की भी समुचित व्यवस्था सुनिश्चित कर ली गई थी। मुख्य सचिव के पत्र की प्रतिलिपि संलग्न करते हुये गोरखपुर के आयुक्त ने मण्डल के चिकित्सा, स्वास्थ्य एवं परिवार कल्याण के अपर निदेशक को प्रेषित पृष्ठांकन में मस्तिष्क के उपचार और रोक-थाम के लिए कृत कार्यवाही से अवगत कराने को कहा। अपर निदेशक, डा. डी. पी. सिंह ने 25 अक्टूबर के पत्र में मण्डल के आयुक्त को रोग के उपचार और उसे फैलने से रोकने के लिए ग्रामीण क्षेत्रों में किये जा रहे प्रचार कार्य का विस्तृत विवरण प्रेषित किया जिसमें मुख्य था मस्तिष्क ज्वर के जनक विषाणुओं के मूल-स्रोत सूअरबाड़ों से मच्छरों को भगाने के लिए समय-समय पर फागिंग की वांछनीयता पर बल।

ऊपर के पत्र व्यवहार का तालिका या सारणी-संक्षेप

क्रम संख्या	पत्र संख्या	दिनांक	प्रेषक	प्रेषित	विषय
1	2	3	4	5	6
1	419-48/12/98	20-10-98	श्री योगेन्द्र नारायण, मुख्य सचिव, उत्तर प्रदेश शासन, लखनऊ।	श्री राजीव गुप्त, आयुक्त, गोरखपुर मण्डल, गोरखपुर।	गोरखपुर मण्डल और आस-पास के क्षेत्रों में फैले मस्तिष्क ज्वर के लिये कृत कार्यवाही की पूरी सूचना मांगी गई।
2	317-68/18/98	23-10-98	श्री राजीव गुप्त, आयुक्त, गोरखपुर मण्डल, गोरखपुर।	श्री योगेन्द्र नारायण, मुख्य सचिव, उत्तर प्रदेश शासन, लखनऊ।	मस्तिष्क ज्वर के उपचार और रोक-थाम के उपाय युद्ध-स्तर पर। पत्रोत्तर की तिथि तक 137 मौतें। विशेष प्रकार के मच्छर सूअरों से विषाणु लाते हैं जिनके काटने से यह रोग फैलता है।

3	पृष्ठांकन सं. 317-68/19/98	23-10-98	श्री राजीव गुप्त, आयुक्त, गोरखपुर मण्डल, गोरखपुर।	डा० डी. पी. सिंह, अपर निदेशक चिकित्सा, स्वास्थ्य एवं परिवार कल्याण, गोरखपुर।	मस्तिष्क ज्वर के फैलने, उपचार और रोक-थाम के सम्बन्ध में कृत कार्यवाही से तत्काल सूचना की मांग।
4	2786/25/5/98	25-10-98	डा० डी. पी. सिंह, अपर निदेशक, चिकित्सा स्वास्थ्य एवं परिवार कल्याण, गोरखपुर।	श्री राजीव गुप्त, आयुक्त, गोरखपुर मण्डल, गोरखपुर।	मस्तिष्क ज्वर के उपचार के लिये ग्रामीण क्षेत्रों में डाक्टरों की टीम प्रेषित। रोग का निदान प्राप्त। उसके प्रति जनता को सचेत करने हेतु सूचनायें प्रसारित। सूअरबाड़ों की फागिंग की व्यवस्था पर बल।

प्रश्न : निम्नांकित पत्र-श्रंखला का संक्षिप्त-लेखन तथा सारणी-लेखन प्रस्तुत कीजियेः।

शासनादेश सं. 833/दस-सं.वि. वित्त—21/98 दिनांक 30-10-98

प्रेषक,

श्री सुशील चन्द्र त्रिपाठी,
प्रमुख सचिव (वित्त),
उत्तर प्रदेश शासन,
सचिवालय, लखनऊ।

सेवा में,

सभी विभागाध्यक्ष, प्रमुख सचिव एवं सचिव,

मण्डलों के आयुक्त एवं जिलाधिकारी।

विषय : नये वाहनों की खरीद पर तत्काल प्रभाव से प्रतिबन्ध के संबंध में।

महोदय,

मुझे यह कहने का निदेश हुआ है कि शासन ने नये वाहनों के क्रय पर तत्काल प्रभाव से प्रतिबन्ध लगा दिया है। यह निर्णय भारत सरकार की योजनाओं के लिए विश्व-बैंक की परियोजनाओं के अधीन क्रय किये जाने वाले वाहनों पर भी लागू होगा।

भवदीय

सुशील चन्द्र त्रिपाठी

प्रमुख सचिव (वित्त)

प्रेषक,

श्री राजन शुक्ल,

जिलाधिकारी,

गाजीपुर।

सेवा में,

श्री सुशील चन्द्र त्रिपाठी

प्रमुख सचिव (वित्त),

उत्तर प्रदेश शासन,

सचिवालय, लखनऊ।

सं० 515-3/आ० वा० 19/98 दिनांक 16.11.98

विषय : नये वाहनों के क्रय के संबंध में।

महोदय,

शासनादेश सं० 833/दस-सं.वि. वित्त-21/98 दिनांक 30-10-98 के संदर्भ में मुझे यह तथ्य शासन के संज्ञान में लाना है कि इस जनपद में अधिकारियों के प्रयोग में लाये जाने वाले कई वाहन बहुत पुराने पड़ गये हैं। उनकी मरम्मत और रख-रखाव में प्रतिमास हजारों रुपये व्यय करने पड़ते हैं। वाहनों के जर्जर और उपयोगी न होने के कारण अधिकारियों को दौरों के बीच परेशानी होती है और सरकारी कार्य में बाधा आती है। समय की भी अनावश्यक क्षति होती है।

उपर्युक्त तथ्यों को ध्यान में रखते हुए तीन जीपों और दो ऐम्बेसडर कारों के क्रय की अनुमति के लिए शासन को संदर्भित शासनादेश निर्गत होने के पहले ही लिखा जा चुका है। (पत्र की प्रति संलग्न है)।

अतएव प्रार्थना की जाती है कि विशेष परिस्थितियों में तीन जीपों और दो ऐम्बेसडर कारों के क्रय हेतु अनुमति प्रदान करने की कृपा की जाय।

भवदीय

राजन शुक्ल

जिलाधिकारी

प्रेषक

श्री शिव प्रताप,
अनुभाग अधिकारी, वित्त विभाग,
उत्तर प्रदेश शासन,
सचिवालय, लखनऊ।

सेवा में,

श्री राजन शुक्ल
जिलाधिकारी, गाजीपुर।

सं० 833/दस सं. वि. वित्त/21-98-1 दिनांक 22-11-98

विषय : नये वाहनों के क्रय के संबंध में।

महोदय,

आप के पत्र सं. 515-3/ आ०-वा-19/98 दिनांक 16-11-98 और उसके संलग्नक की प्राप्ति स्वीकार करते हुये मुझे कहना है कि संदर्भित शासनादेश में किसी प्रकार के अपवाद की गुंजाइश नहीं है। नये वाहनों के क्रय पर प्रतिबन्ध लगाने का निर्णय विकास कार्यों के लिये संसाधन जुटाने के परिपेक्ष्य में लिया गया है। आपके पूर्व पत्र का नकारात्मक उत्तर पहले ही दिया जा चुका है। वह अब तक आप को प्राप्त हो जाना चाहिये।

शासन के नित्य-प्रति के कार्य में, वाहनों के अभाव में या उनकी जर्जर अवस्था के कारण बाधा न हो, इस विचार से सरकार सभी जनपदों के सभी विभागों में मौजूद वाहनों की स्थिति का आकलन करा रही है। शासन के संज्ञान में यह बात आई है कि कुछ विभागों में सरकारी वाहनों की संख्या आवश्यकता से अधिक है और कुछ में उनका दुरुपयोग भी हो रहा है।

ऐसे सभी वाहनों को केन्द्रीय मूल में वापस कराने का सरकार ने निर्णय लिया है। आवश्यकतानुसार इनके पुनर्वितरण पर बाद में विचार किया जायेगा।

आपके पार्श्ववर्ती जनपदों में भी कुछ अतिरिक्त वाहन हो सकते हैं। इस पत्र का संदर्भ उद्धृत करते हुए आप उनके जिलाधिकारियों से सम्पर्क करने का कष्ट करें और अतिरिक्त वाहनों को उपलब्ध कराने के लिए अनुरोध करें। उनके यहां से नकारात्मक उत्तर मिलने पर आप अपने जनपद के विभिन्न विभागों में मौजूद सरकारी वाहनों के सामंजस्यपूर्ण उपयोग से काम चलाये ताकि शासन के नित्य-प्रति के कार्य में कोई अवरोध या बाधा न आये।

भवदीय
शिव प्रताप
अनुभाग अधिकारी

राजन शुक्ल

जिलाधिकारी, गाजीपुर।

अर्द्धशासकीय-पत्र सं. 402-7-3 वा०-3

1 दिसम्बर, 1998

प्रिय श्री उपाध्याय,

प्रमुख सचिव (वित्त) द्वारा निर्गत शासनादेश सं. 833/दस-सं.वि. वित्त-21/98 दिनांक 30-10-98 का अवलोकन करने की कृपा करें जो नये वाहनों के क्रय पर लगे प्रतिबन्ध से सम्बन्धित है। इस संदर्भ में आपके अवलोकनार्थ वित्त विभाग के अनुभाग अधिकारी श्री शिव प्रताप के दिनांक 22-11-98 के पत्र की प्रतिलिपि भी संलग्न है जो सरकारी वाहनों की सभी जनपदों के विभिन्न विभागों में उपलब्धता के सम्बन्ध में है।

सम्प्रति गाजीपुर जनपद में सरकारी वाहनों का संकट उपस्थित हो गया है। यहां के विभिन्न विभागों में मौजूद अधिकतर वाहन पुराने और जर्जर हो गये हैं। वाहनों के अभाव में सरकारी कार्यों में बाधा उत्पन्न होती है और अधिकारियों को परेशानी होती है।

आप कृपया अपने यहाँ प्राप्त वाहनों में से कम-से-कम दो जीपें हमें तुरन्त उपलब्ध करा सकें तो कृपा होगी।

आशा है कि इस पत्र पर तुरन्त ध्यान देकर आप मुझे अनुगृहीत करेंगे।

भवनिष्ठ

राजन शुक्ल

श्री के. के. उपाध्याय
जिलाधिकारी,
जौनपुर।

के. के. उपाध्याय

जिलाधिकारी, जौनपुर

अर्द्धसरकारी पत्र सं. 139-94-141 वा-1

4 दिसम्बर, 1998

प्रिय श्री शुक्ल,

आपके अर्द्धशा० पत्रांक 402-7-3 वा/-3 दि० 1-12-98 के संदर्भ में मुझे यह लिखते हुये खेद है कि इस समय हमारे जनपद में उपलब्ध सरकारी वाहनों की स्थिति ऐसी है कि हम उनमें से कोई वाहन आप के उपयोग के लिये उपलब्ध नहीं करा सकते। तीन जीपें हम पहले ही बाढ़ में राहत पहुँचाने के निमित्त उपयोग के लिए देवरिया के जिलाधिकारी को उपलब्ध करा चुके हैं। हाल में हुई एक दुर्घटना में अपर जिलाधिकारी की जीप ध्वस्त होकर बेकार हो गई है। उनके उपयोग के लिए एक विकास खण्ड अधिकारी की जीप सम्प्रति ले ली गई है।

शासन को हमारे यहां से भी नये वाहन खरीदने की अनुमति के लिए लिखा गया है। किन्तु इस बीच वह शासनादेश यहां भी प्राप्त हो गया है जिससे नये वाहनों के क्रय पर तात्कालिक प्रभाव से प्रतिबन्ध लगा दिया गया है।

ऐसी दशा में हमारे जनपद में उपलब्ध नये, पुराने वाहनों से ही काम चलाना पड़ेगा।

भवदीय

के. के. उपाध्याय

श्री राजन शुक्ल,
जिलाधिकारी,
गाजीपुर।

उत्तर— उपर्युक्त पत्र-श्रृंखला का प्रवाह-संक्षेप निम्नवत् है—

प्रवाह-संक्षेप

उत्तर प्रदेश के प्रमुख वित्त सचिव श्री सुशील चन्द्र त्रिपाठी ने 30 अक्टूबर 1998 को शासनादेश 833/दस-सं.द. वित्त-21-98 निर्गत कर सभी सक्षम अधिकारियों को सूचित किया है कि नये वाहनों के क्रय पर तात्कालिक प्रभाव से प्रतिबन्ध लगा दिया गया है। इस बीच गाजीपुर के जिलाधिकारी श्री राजन शुक्ल ने अपने पूर्व पत्र का संदर्भ देते हुए शासन से तीन जीपें और दो कारें खरीदने की विशेष अनुमति मांगी है। वित्त विभाग के अनुभाग अधिकारी ने 22 नवम्बर के पत्र द्वारा उन्हें अवगत कराया है कि उनके पूर्व पत्र पर शासन का नकारात्मक निर्णय हो चुका है और वर्तमान पत्र पर भी यही निर्णय लागू होता है।

अनुभाग अधिकारी श्री शिव प्रताप ने उक्त पत्र में जिलाधिकारी, गाजीपुर को यह भी बताया कि सरकार सभी जिलों में उपलब्ध वाहनों का आकलन करा रही है और अतिरिक्त या दुरुपयोग में लाये जाने वाले वाहनों को वापस लेकर आवश्यकतानुसार उनके पुनर्वितरण का विचार है। अनुभाग अधिकारी ने गाजीपुर के जिलाधिकारी को सरकार के इस विचार के संदर्भ में अपने पार्श्ववर्ती जनपद जौनपुर के जिलाधिकारी को अर्द्धशासकीय पत्र लिखकर अपनी आवश्यकताये बताई। पर जौनपुर के जिलाधिकारी ने उनके लिये कोई वाहन देने में असमर्थता प्रकट की है।

तालिका या सारणी-संक्षेप

क्रम संख्या	पत्र संख्या	तिथि	प्रेषक	प्रेषित	विषय
1	2	3	4	5	6
1.	833/दस.सं.वि. (वित्त) 21/98	30.10.98	प्रमुख सचिव वित्त, उ.प्र. शासन।	सभी विभागाध्यक्ष, प्रमुख सचिव, जिलाधिकारी	तात्कालिक प्रभाव से नये वाहनों के क्रय पर प्रतिबन्ध।
2.	515-3/आठ-वा-19/18	16.11.98	जिलाधिकारी, गाजीपुर।	प्रमुख सचिव (वित्त), उ.प्र. शासन।	पूर्व एवं वर्तमान पत्र में 3 जीपें, दो कारें खरीदने की विशेष अनुमति मांगी गई।
3.	833/दस. सं. वि. (वित्त) 21-98	22-11-98	अनुभाग अधिकारी (वित्त विभाग), उ.प्र. शासन।	श्री राजन शुक्ल, जिलाधिकारी, गाजीपुर।	अवगत कराया कि जिलाधिकारी के पूर्व पत्र पर शासन का निर्णय नकारात्मक था और वर्तमान पत्र पर भी वैसा ही नकारात्मक निर्णय शासन का रहा। नये वाहनों का क्रय प्रतिबन्धित रहेगा। पार्श्ववर्ती जिलों से अतिरिक्त वाहन मांगने हेतु सम्पर्क का परामर्श।

4.	अर्द्धशासकीय पत्रांक 40-2-7-3 वा.-3	1-12-98	जिलाधिकारी, . गाजीपुर।	जिलाधिकारी जौनपुर।	कम-से-कम दो जीपों की मांग के लिये अनुरोध।
5.	अर्द्धशासकीय पत्रांक 139-94-141 वा-1	4-12-1998	जिलाधिकारी, जौनपुर।	जिलाधिकारी, गाजीपुर।	एक भी वाहन बचा कर भेज सकने में सखेद असमर्थता से अवगत कराया।

[1]

प्रेषक—

श्री आलोक टंडन, आई०ए०एस०,
जिलाधिकारी,
इलाहाबाद।

सेवा में,

सचिव,
माल-विभाग,
उत्तर प्रदेश शासन,
लखनऊ।

पत्र-संख्या 300/10-75 (1998) दिनांक : जनवरी 25, 1998

महोदय,

सेवा में निवेदन है कि इस जिले में एक अस्थायी पद अपर जिलाधिकारी का शासकीय आदेश संख्या 1905/II-311, दिनांक जुलाई 22, 1997 के अन्तर्गत स्वीकृत हुआ है। उस पद पर श्री एस०एन०श्रीवास्तव कार्य कर रहे हैं जिनको उच्च श्रेणी का वेतन मिल रहा है।

अपर जिलाधिकारी कई विभागों का कार्य करते हैं और माल और फौजदारी की अपीलों की सुनवाई के अतिरिक्त उत्तर प्रदेश नगरपालिका ऐक्ट व जिला बोर्ड ऐक्ट के अन्तर्गत अपील भी सुनते हैं। कार्य की अधिकता को ध्यान में रखते हुये यह आवश्यक है कि इनको एक आशुलिपिक 2000-25-4000 के श्रेणी का दिया जाय। अतः गेरा निवेदन है कि कार्य को सुचारु रूप से चलाने के लिए एक आशुलिपिक 2000-25-4000 श्रेणी की स्वीकृति अपर जिलाधिकारी के लिए प्रदान की जाय और इसके लिये अगले वर्ष के आय-व्ययक में 24,000 रु० के अनुदान की व्यवस्था करने की कृपा करें।

आपका विश्वासपात्र
आलोक टंडन,
जिलाधिकारी,
इलाहाबाद।

पत्र-संख्या 300/(1) 10-75 (1998)

प्रतिलिपि— आयुक्त, इलाहाबाद मण्डल, इलाहाबाद को आवश्यक कार्यवाही हेतु प्रेषित।

आलोक टंडन,
जिलाधिकारी

[2]

प्रेषक—

सचिव, माल विभाग,
उत्तर प्रदेश शासन,
लखनऊ।

सेवा में—

जिलाधिकारी,
इलाहाबाद।

पत्र संख्या 70/रि-18-अ (1998) दिनांक : फरवरी 22, 1998

महोदय,

आपके पत्र-संख्या 300/10-75 (1998), दिनांक जनवरी 25, 1998 के संदर्भ में मुझे यह निवेदन करने का निदेश हुआ है कि शासन ने अभी तक किसी भी जिले में जहाँ अपर जिलाधिकारी की नियुक्ति शासकीय आदेश संख्या 311/र०-218-अ (1997) दिनांक 20 जुलाई, 1997 के अन्तर्गत हुई है किसी भी आशुलिपिक के पद की स्वीकृति नहीं दी है परन्तु शासन ने एक अस्थायी पद पर एक ऐसे पेशकार जिसे आशुलिपिक का भी ज्ञान हो, की स्वीकृति 2000-25-4000 के वेतन-क्रम में अपर जिलाधिकारी, लखनऊ के लिये दी है। कृपया अपना मत प्रकट कीजिये कि क्या ऐसे ही एक पद की नियुक्ति आप अपने अपर जिलाधिकारी के लिये उचित समझते हैं?

आपका विश्वासपात्र
x x x
सचिव

प्रतिलिपि— आयुक्त, इलाहाबाद को प्रेषित।

[3]

प्रेषक—

श्री आलोक टंडन, आई०ए०एस०,
जिलाधिकारी,
इलाहाबाद।

सेवा में—

सचिव,
माल-विभाग,
उत्तर प्रदेश शासन
लखनऊ।

पत्र-संख्या 1011/10-75-1998 दिनांक : मार्च 12, 1998

महोदय,

शासकीय पत्र-संख्या 70/ रि०-118-अ 1998 दिनांक फरवरी 22, 1998 के संदर्भ में सविनय निवेदन है कि श्री एस० एन० श्रीवास्तव उन अपर जिलाधिकारियों में नहीं हैं जिनकी नियुक्ति शासकीय आदेश सं० 311/रि०-218 अ/1997 दिनांक 20 जुलाई, 1997 के अन्तर्गत उप-जिलाधिकारी में उसी वेतन पर हुई है जो उन्हें मिल रहा था, वरन् इनकी नियुक्ति शासकीय आदेश संख्या 1905/II 311–1996 दिनांक जुलाई 21, 1996 के अन्तर्गत हुई है और उनका पद और वेतन जिलाधिकारियों के पद और वेतन के समान है।

अपीलों का कार्य और प्रशासकीय कार्य जो श्री एस०एन०श्रीवास्तव को सौंप गये हैं उसके भार को देखते हुए मेरे विचार में जो पेशकार व लिपिक इस समय उनके साथ कार्य कर रहे हैं, उनके अतिरिक्त एक आशुलिपिक की नियुक्ति नितान्त आवश्यक है।

भवदीय

आलोक टंडन,

जिलाधिकारी,

इलाहाबाद।

प्रतिलिपि— सेवा में आयुक्त, इलाहाबाद को आवश्यक कार्यवाही हेतु प्रेषित।

आलोक टंडन,

जिलाधिकारी

[4]

प्रेषक—

सचिव

माल-विभाग,

उत्तर प्रदेश शासन,

लखनऊ।

सेवा में,

जिलाधिकारी,

इलाहाबाद।

पत्र-संख्या 188/रि०-218-अ (1998) दिनांक : अगस्त 8, 1998

महोदय,

आपके पत्र-संख्या 1011/10-75/(1998) दिनांक मार्च 12, 1998' के सन्दर्भ में मुझे यह निवेदन करने का निदेश हुआ है कि माननीय राज्यपाल महोदय ने अपर जिलाधिकारी,

इलाहाबाद के लिये एक अस्थायी पेशकार-आशुलिपिक के पद की स्वीकृति 2000-25-4000 के वेतन-क्रम में नियुक्ति की तारीख से 31 मार्च, 1999 तक प्रदान कर दी है।

जिस समय तक यह पद रहे, उस समय तक अपर जिलाधिकारी के पेशकार 1800-20-2500 के वेतन-क्रम का पद रिक्त रहेगा।

इस व्यय का भुगतान सामान्य प्रशासन (अ) के मद से दिया जायेगा।

आपका विश्वासपात्र,

x x x

सचिव

प्रतिलिपि— आयुक्त, इलाहाबाद को सूचनार्थ प्रेषित।

सचिव

प्रवाह-संक्षेप

उत्तर प्रदेश शासन ने आदेश संख्या 1905/II-311 दिनांक 21-7-98 में इलाहाबाद जिले में एक अपर जिलाधिकारी की नियुक्ति स्वीकृति की है। उस पद पर श्री एस०एन० श्रीवास्तव को उच्च श्रेणी के वेतन पर नियुक्त किया था।

जिलाधिकारी, इलाहाबाद ने शासन को लिखा कि अपर जिलाधिकारी का कार्य अधिक बढ़ गया है। अतः उनके लिए एक आशुलिपिक 2000-25-4000 की श्रेणी का मिलना चाहिए और उसकी व्यवस्था अगले वर्ष के आय-व्ययक में कर देना चाहिए। किन्तु शासन ने अपने पत्र सं० 70/रि० 118-अ (1998) दिनांक 22-2-98 में यह आपत्ति की कि जिन जिलों में शासकीय आदेश संख्या 311/ रि०-218-अ/ (1997) दि० 20-7-97 के अन्तर्गत अपर जिलाधिकारियों की नियुक्ति की गई है वहाँ किसी को शासन ने आशुलिपिक नहीं दिया। परन्तु लखनऊ की भाँति एक अस्थायी पद पर एक ऐसे पेशकार जिसे आशुलिपि का भी ज्ञान हो, 2000-25-4000 के श्रेणी में स्वीकृति प्रदान करने के लिए पूछा। जिलाधिकारी, इलाहाबाद ने अपने पत्र संख्या 1011-10-75 (1998) दि 12-2-98 में शासन की आपत्ति का निराकरण करते हुए कहा कि इलाहाबाद के अपर जिलाधिकारी का पद एवं वेतन में जिलाधिकारी के ही समान है और ऐसे अतिरिक्त पद की स्वीकृति शासकीय आदेश सं० 1905/II-311 (1996) दि० 21-7-96 के अन्तर्गत हुई थी। अतः कार्य का भार देखते हुए पेशकार व लिपिक के अतिरिक्त एक आशुलिपिक की नियुक्ति के लिए फिर जोर दिया। अन्त में शासन ने जिलाधिकारी, इलाहाबाद से सहमत होकर एक अस्थायी पेशकार-आशुलिपिक के पद की स्वीकृति 2000-25-4000 की श्रेणी में 31-3-99 तक के लिए प्रदान कर दी और यह कहा कि जिस समय तक यह पद रहेगा उस समय तक अपर जिलाधिकारी के पेशकार का 1800-20-2500 की श्रेणी का पद रिक्त रहेगा।

उत्तर— (क) सारांश (Tabular Precis)

क्रम संख्या	पत्र-संख्या	तिथि	प्रेषक तथा प्रेषिती	विषय
1.	300/10-75 (1998)	जनवरी 25, 1998	जिलाधिकारी, इलाहाबाद से सचिव, माल विभाग, उ० प्र० शासन, लखनऊ को।	कार्य की अधिकता के कारण निवेदन करते हैं कि अपर जिलाधिकारी के लिए कार्य को सुचारु रूप से चलाने के लिए एक आशुलिपिक 2000-25-4000 श्रेणी का दिया जाय और अगले वर्ष के आय-व्ययक में इसकी व्यवस्था की जाय।
1-अ	300(1)/10-75/ (1998)	जनवरी 25, 1998	जिलाधिकारी, इलाहाबाद से आयुक्त, इलाहाबाद को।	आवश्यक कार्यवाही हेतु पत्र-क्रमांक 1 की प्रतिलिपि भेजी।
2.	70/रि०-118-अ (1998)	फरवरी 22, 1998	सचिव, माल-विभाग, उ० प्र० शासन से जिलाधिकारी, इलाहाबाद को।	क्रम-संख्या 1 दि० 25-1-1998 के उत्तर में कहते हैं कि शासन ने आदेश संख्या 311/रि०-218-अ /1997 दि० 20-7-97 के अन्तर्गत नियुक्त किये गये अपर जिलाधिकारियों में से किसी को ऐसे आशुलिपिक की स्वीकृति नहीं दी है और पूछते हैं कि यदि चाहें तो लखनऊ की भाँति एक ऐसे पेशकार की जिसे आशुलिपि का भी ज्ञान हो, की स्वीकृति 2000-25-4000 की श्रेणी में दी जा सकती है।

क्रम संख्या	पत्र-संख्या	तिथि	प्रेषक तथा प्रेषिती	विषय
1-अ	70/रि-118-अ (1)/(1998)	फरवरी 22, 1998	सचिव, माल-विभाग, उ०प्र० शासन से आयुक्त, इलाहाबाद को।	सूचना हेतु पत्र-क्रमांक 2 की प्रतिलिपि भेजी।
2-	1011/10-75 (1998)	मार्च 12, 1998	जिलाधिकारी, इलाहाबाद से सचिव माल-विभाग, उ०प्र० सरकार को।	क्रम संख्या 2 के उत्तर में बताते हैं कि अपर जिलाधिकारी, इलाहाबाद की नियुक्ति अन्य अपर जिलाधिकारियों की भाँति नहीं है। वह पद तथा वेतन में जिलाधिकारियों के समान हैं, अतः एक आशुलिपिक की 2000-25-4000 की श्रेणी में नितान्त आवश्यकता है।
3. अ	1011/10-75 (1)/ (1998)	जुलाई 2, 1998	जिलाधिकारी, इलाहाबाद से आयुक्त इलाहाबाद को।	आवश्यक कार्यवाही हेतु पत्र-क्रमांक 3 की प्रतिलिप प्रेषित की।
4.	188/रि०-218 अ (1998)	अगस्त 8, 1998	सचिव, माल विभाग, उ० प्र० शासन से जिलाधिकारी, इलाहाबाद को।	क्रम-संख्या 2 के सन्दर्भ में एक पेशकार आशुलिपिक की स्वीकृति 2000-25-4000 की श्रेणी में प्रदान करते हैं। नियुक्ति की तिथि से 31-3-1999 तक के लिये।
4. अ	188/1रि०-218- अ (1998)	अगस्त 8, 1998	सचिव, माल-विभाग, उ०प्र० शासन से आयुक्त, इलाहाबाद को।	सूचना के लिये पत्र-क्रमांक 4 की प्रतिलिपि प्रेषित की।

प्रश्न— शिक्षा सचिव, उत्तर प्रदेश शासन की ओर से सचिव, माध्यमिक शिक्षा परिषद् को एक पत्र लिखिये जिसमें कहा गया हो कि पूर्वांचल क्षेत्र में आई भीषण बाढ़ के कारण शासन ने इस क्षेत्र के सभी इंटरमीडियेट और हाईस्कूल परीक्षा, 1999 में सम्मिलित होने वाले परीक्षार्थियों को परीक्षा शुल्क से मुक्त कर दिया है तथा परीक्षा का आवेदन-पत्र भरने की अंतिम तिथि 15 अगस्त से बढ़ाकर 15 सितम्बर, 1998 कर दी गई है।

उत्तर—

शासनादेश सं० - मा०-815/श-708/1998

दिनांक 30 जुलाई, 1998

प्रेषक

शिक्षा सचिव,
उत्तर प्रदेश शासन,
सचिवालय, लखनऊ।

सेवा में

सचिव,
माध्यमिक शिक्षा परिषद्,
उत्तर प्रदेश, इलाहाबाद।

विषय : परीक्षा शुल्क की माफी के संबंध में।

महोदया,

मुझे यह कहने का निदेश हुआ है कि पूर्वांचल क्षेत्र के सभी जनपदों में आई भीषण बाढ़ के फलस्वरूप वहाँ के निवासियों का आर्थिक जीवन बुरी तरह से प्रभावित हुआ है। उनकी कृषि नष्ट हो गई है, पशु बाढ़ में बह गये हैं, गाँव-के-गाँव पानी में डूब गये हैं जिससे अधिकांश कच्चे मकान ढह गये हैं। बहुत बड़ी जनसंख्या सरकारी राहत पर रह रही है। ऐसी दशा में शासन ने यह निर्णय लिया है कि 1999 की इंटरमीडियेट और हाईस्कूल परीक्षा में सम्मिलित होने वाले परीक्षार्थियों से परीक्षा शुल्क न लिया जाय और उनके आवेदन-पत्र 15 अगस्त के स्थान पर 15 सितम्बर, 1998 तक स्वीकार किये जायँ।

एतद्द्वारा शासन के निर्णय से आपको अवगत कराते हुये अपेक्षा की जाती है कि इसका अनुपालन सुनिश्चित किया जाय।

भवदीय

x x x

सचिव

पत्र सं० मा- 614/प- 1998 दिनांक 6 अगस्त, 1998

प्रेषक

कु०अचला खन्ना,
सचिव,
माध्यमिक शिक्षा परिषद्, उ०प्र०,
इलाहाबाद।

सेवा में

गोरखपुर, वस्ती, आजमगढ़ मण्डलों के सभी माध्यमिक एवं
उच्च-माध्यमिक विद्यालयों के प्रधानाचार्य।

विषय : 1999 की परीक्षाओं के लिए परीक्षा शुल्क की माफी के संबंध में।

महोदय,

शासनादेश सं० मा०-815/श-708/1998 दिनांक 30 जुलाई, 1998 की ओर आपका ध्यान आकृष्ट करते हुए मुझे कहना है कि उक्त आदेश के अनुपालन में आप 1999 की माध्यमिक शिक्षा परिषद् की परीक्षाओं में सम्मिलित होने वाले परीक्षार्थियों का आवेदन-पत्र भरवाते समय उनसे परीक्षा-शुल्क न वसूल करें तथा ये आवेदन पत्र बिना विलम्ब-शुल्क के 15 सितम्बर, 1998 तक स्वीकार किये जायँ। शासनादेश की प्रतिलिपि संलग्न है।

भवदीया

(कु०) अंचला खन्ना

सचिव

प्रतिलिपि— उक्त मण्डलों के सभी जनपदों के जिला विद्यालय निरीक्षकों को सूचनार्थ एवं आवश्यक कार्यवाही हेतु प्रेषित

(कु०) अंचला खन्ना

सचिव

संलग्नक— शासनादेश की प्रतिलिपि।

प्रश्न— ऊपर उद्धृत पत्रों का प्रवाह-संक्षेप और सारणी-संक्षेप प्रस्तुत कीजिये।

प्रवाह-संक्षेप

उत्तर— उत्तर प्रदेश शासन के शिक्षा सचिव ने शासनादेश संख्या मा०-815/श–708/1998 दिनांक 30 जुलाई, 1998 में सचिव, माध्यमिक शिक्षा परिषद् को सूचित किया कि पूर्वांचल क्षेत्र में आई भीषण बाढ़ के कारण वहां के लोगों को घोर आर्थिक कठिनाई का सामना करना पड़ रहा है। अतएव शासन ने यह निर्णय लिया कि उस क्षेत्र में स्थित माध्यमिक विद्यालयों के छात्रों को परीक्षा शुल्क से मुक्त किया जाय और 1999 की परिषद् की परीक्षा में सम्मिलित होने के लिए आवेदन पत्र भरने की अंतिम तिथि 15 अगस्त से बढ़ा कर 15 सितम्बर, 1998 कर दी जाय। इस शासनादेश के अनुपालन की माध्यमिक शिक्षा सचिव से अपेक्षा की गई।

माध्यमिक शिक्षा सचिव ने तदनुसार पूर्वांचल के सभी माध्यमिक विद्यालयों को पत्र सं० मा- 614/ प–1998 दिनांक 6 अगस्त 1998 द्वारा सूचित किया और शासनादेश की प्रतिलिपि संलग्न की। ज़िला विद्यालय निरीक्षकों को पत्र की प्रतिलिपि भेजते हुए उचित कार्यवाही के लिए कहा।

सारणी-संक्षेप

क्रम सं०	पत्रांक	दिनांक	प्रेषक	प्रेषिती	विवरण
1.	मा० 815/ श/708–1998	30 जुलाई, 1998	शिक्षा सचिव, उ०प्र० शासन, लखनऊ।	सचिव, माध्यमिक शिक्षा परिषद्, उ०प्र० इलाहाबाद।	शिक्षा सचिव ने माध्यमिक शिक्षा परिषद् के सचिव को शासन के इस निर्णय से अवगत कराया कि पूर्वीय क्षेत्र में आयी भयंकर बाढ़ के परिणामस्वरूप वहां के लोगों की दयनीय आर्थिक दशा को दृष्टिगत करके उस क्षेत्र के माध्यमिक विद्यालयों के छात्र-छात्राओं को परीक्षा शुल्क से मुक्त कर दिया गया है और 1999 की परीक्षा के फार्म भरे जाने की तिथि 15 अगस्त से बढ़ा कर 15 सितम्बर, 1998 कर दिया, तद्नुसार कार्यवाही की अपेक्षा की गई।
2.	मा-614/प/ 1998	6 अगस्त 1998	सचिव, माध्यमिक शिक्षा परिषद्, उ०प्र०, इलाहाबाद	गोरखपुर, बस्ती, आजमगढ़ मण्डलों के सभी माध्यमिक विद्यालयों के प्रधानाचार्य।	शासनादेश की प्रतिलिपि संलग्न करते हुए सचिव ने पूर्वीय क्षेत्र में स्थित माध्यमिक विद्यालयों के प्रधानाचार्यों से शासनादेश के अनुपालन की अपेक्षा की।
3.	,,	,,	,,	पत्र की प्रतिलिपि शासनादेश की प्रतिलिपि सहित भेजी।	—

प्रश्न— निम्नलिखित पत्र-व्यवहार का प्रवाह-संक्षेप और तालिका-संक्षेप तैयार कीजिये :

[1]

सं० 312/प/24-3/98-99 दिनांक 24 नवम्बर, 1998

प्रेषक

आयुक्त, वाराणसी मण्डल,

वाराणसी।

सेवा में,

वाराणसी मण्डल के समस्त जिलाधिकारी एवं बेसिक शिक्षा अधिकारी।

विषय : पल्स पोलियो कार्यक्रम के संबंध में।

महोदय,

आपका ध्यान मेरे कार्यालय में 18 नवम्बर, 1998 को हुई बैठक की ओर आकृष्ट करना है जिसमें इस मण्डल के सभी खण्ड-विकास अधिकारियों से यह अपेक्षा की गई थी कि वे अपने

क्षेत्र में कार्यरत कर्मचारियों की सूची जनपद के मुख्य चिकित्साधिकारी को अविलम्ब उपलब्ध करायें। मुख्य चिकित्साधिकारी कर्मचारियों का पल्स पोलियो केन्द्र निर्धारित करके उनके नाम सम्बन्धित प्राथमिक स्वास्थ्य केन्द्र के प्रभारी चिकित्साधिकारी को भेजेंगे।

जनपदों के बेसिक शिक्षा अधिकारी को भी इस अभियान में सक्रिय भूमिका निभानी है। उन्हें सहायक बेसिक शिक्षा अधिकारी के माध्यम से ग्रामीण क्षेत्रों में प्रारम्भिक स्कूलों के शिक्षकों की सूची तैयार करके स्वास्थ्य विभाग को शीघ्र से शीघ्र उपलब्ध करानी है।

पल्स पोलियो कार्यक्रम में शिथिलता या लापरवाही बरतने वाले कर्मचारी की रिपोर्ट तत्काल की जाये।

आप अपने जनपद के समन्वयक हैं। कृपया यह सुनिश्चित करें कि खण्ड-विकास के साथ-साथ पंचायत-राज एवं राजस्व विभाग के सभी कर्मचारियों का भी पल्स पोलियों अभियान में पूरा सहयोग मिलना है।

इस अभियान की सफलता के लिए जरूरी है कि इसके लिए आयोजित प्रशिक्षण कार्यक्रम में अपनी उपस्थिति दर्ज करा कर सभी कर्मचारी अभियान की रूपरेखा और उसके क्रियान्वयन की पद्धति की पूरी जानकारी प्राप्त कर लें।

भवदीय

x x x

मण्डलायुक्त

पत्र सं० 481/प87/98-99 दिनांक 7 दिसम्बर, 1998

प्रेषक

के०के०उपाध्याय,
जिलाधिकारी, जौनपुर।

सेवा में,

आयुक्त, वाराणसी मण्डल,
वाराणसी।

विषय : पल्स पोलियो कार्यक्रम के संबंध में।

महोदय,

आपके 24 नवम्बर, 1998 के पत्रांक 312/प/24-3/98-99 के संदर्भ में निवेदन है कि 18 नवम्बर, 1998 के आपके कार्यालय में हुई बैठक में लिए गये सभी निर्णयों के अनुसार इस जनपद में कार्यवाही हुई और 6 दिसम्बर का पोलियो कार्यक्रम निर्धारित लक्ष्य के अनुसार सफल रहा। जनपद में पल्स पोलियो ड्राप पिलाने के लिये कुल 1429 बूथ स्थापित किये गये थे जिन पर हजारों बच्चों को पल्स पोलियो की दवा पिलाई गई। एक वर्ष तक के सैकड़ों बच्चों का टीकाकरण भी हुआ। कुछ विस्तार निम्नवत है—

जिला अस्पताल में मैंने स्वयं एक बच्चे को पोलियो ड्राप पिलाकर कार्यक्रम का औपचारिक आरंभ किया। कोतवाली चौराहे पर रोटरी क्लब द्वारा बनाये गये बूथ पर मनोज कुमार, राकेश

अग्रवाल आदि ने तथा हरलाल रोड पर सद्भावना क्लब के बूथ पर डा० विमला सिंह ने अनेक बच्चों को पोलियो की खुराक दी। नगर में बनाये गये 107 बूथों पर जेसिस, जौनपुर जूनियर चैम्बर, लायन्स क्लब, लायन्स गोमी क्लब, गीतांजलि संस्था, रोटरी, रोट्रैक्ट व इनरह्वील क्लब की ओर से महिलाओं ने सुबह 8 बजे से लेकर शाम 5 बजे तक बच्चों को पोलियो ड्राप पिलाया।

राष्ट्रीय सेवा योजना की ओर से भी छात्र-छात्राओं ने बच्चों को पोलियो ड्राप पिलाने का काम निःस्वार्थ भाव से किया। मैंने पाया कि इस अभियान को सफल बनाने में सरकारी कर्मचारियों के साथ-साथ स्वैच्छिक संस्थाओं ने भी पूरी सहभागिता दिखाई।

जनपद के खेता सराय कस्बे में पोलियो दवा पिलाने के लिए 76 बूथ बनाये गये थे। कुल 27017 बच्चों को पोलियो ड्राप पिलाने का लक्ष्य पूरा किया गया। बदलापुर में 68 बूथों पर 23900 बच्चों को पोलियो ड्रोप पिलाकर लक्ष्य से ऊपर सफलता प्राप्त की गई। मडियाहूँ तहसील के 6 सेक्टरों में 83 बूथ बनाये गये थे जिन पर 28175 बच्चों को पोलियों ड्राप पिलाया गया। इस दौरान 214 बच्चों का टीकाकरण भी हुआ। जलालपुर कस्बे के 61 बूथों पर 216 बच्चों को पोलियो की खुराक दी गई।

ग्रामीण क्षेत्र से पूरे विवरण आने अभी बाकी हैं। आशा है, राष्ट्रीय महत्व के इस अभियान में लगे हुये हमारे कर्मचारी और स्वैच्छिक संस्थाओं के सदस्य ग्रामीण क्षेत्रों से भी उत्साहपूर्वक आंकड़े लायेंगे।

अभियान को राष्ट्रीय लक्ष्य तक पहुंचाने की दिशा में आगे बढ़ाने के लिए 17 जनवरी और 6 फरवरी के लिए भी हम उसी तत्परता से लगे हैं।

भवदीय
के०के०उपाध्याय
जिलाधिकारी।

उत्तर—

उपरिलिखित पत्रों का प्रवाह-संक्षेप

आयुक्त, वाराणसी ने पल्स पोलियों कार्यक्रम के संदर्भ में उनके कार्यालय में 18 नवम्बर, 1998 को हुई बैठक में लिये गये निर्णयों को निर्दिष्ट करते हुये मण्डल के सभी जिलाधिकारियों को 24 नवम्बर, 1998 के पत्र में लिखा कि खण्ड-विकास और बेसिक शिक्षा अधिकारियों से सहयोग लेकर 6 दिसम्बर, 1998 के पल्स पोलियो कार्यक्रम को पूर्णातया सफल बनाना है। ढिलाई बरतने वाले कर्मचारियों की रिपोर्ट तुरन्त तलब की गई। पल्स पोलियो की खुराक पिलाने की विधि को भली-भाँति जानने के लिए इस सम्बन्ध में आयोजित प्रशिक्षण कार्यक्रम में भाग लेने पर जोर दिया गया।

जिलाधिकारी, जौनपुर का 7 दिसम्बर को लिखित पत्र आयुक्त, वाराणसी को प्राप्त हुआ जिसमें जिलाधिकारी के.के. उपाध्याय ने अपने जनपद में अभियान की सफलता का ब्यौरा दिया। उन्होंने खेता सराय, बदलापुर, मडियाहूं, जलालपुर आदि कस्बों में पल्स पोलियो की खुराक पिलाने के लिए स्थापित बूथों की संख्या तथा लाभान्वित होने वालों की संख्या भी दी। सब मिलाकर जौनपुर में 1429 बूथ बनाये गये थे। उपर्युक्त बूथों के अतिरिक्त ग्रामीण क्षेत्रों के आंकड़े आने अभी बाकी थे। 17 जनवरी और 6 फरवरी को भी पल्स पोलियो अभियान को आगे बढ़ाने की दिशा में जिलाधिकारी ने जनपद की तत्परता दिखाई।

तालिका-संक्षेप

क्रम संख्या	पत्रांक	दिनांक	प्रेषक	प्रेषिती	विवरण
1.	312/प/ 24-3/98-99	24 नवम्बर, 1998	आयुक्त वाराणसी मण्डल, वाराणसी।	वाराणसी मण्डल के सभी जिलाधिकारी एवं बेसिक शिक्षा अधिकारी।	6 दिसम्बर को पल्स पोलियो कार्यक्रम में खण्ड विकास अधिकारी और बेसिक शिक्षा अधिकारी के माध्यम से उनके अधीन कार्यरत सभी कर्मचारियों और शिक्षकों के नामों की सूची जिला चिकित्साधिकारी के यहां पहुंच जाना जरूरी बताया गया ताकि वह इन कर्मचारियों और शिक्षकों को निर्धारित पोलियो बूथों पर तैनात कर सकें। पंचायत राज और राजस्व विभाग के कर्मचारियों से भी सहयोग की अपेक्षा की गई। जिला समन्वयक के रूप में जिलाधिकारियों से अपेक्षा की गई कि वे अपने-अपने क्षेत्र में अभियान की सफलता सुनिश्चित करें। ढिलाई बरतने वाले कर्मचारियों की रिपोर्ट दें।
2	481/प/ 87/98-99	7 दिसम्बर, 1998	जिलाधिकारी के०के० उपाध्याय, जौनपुर।	आयुक्त, वाराणसी मंडल, वाराणसी।	जिलाधिकारी ने बताया कि उनके जनपद में पल्स पोलियो कार्यक्रम निर्धारित लक्ष्य के अनुसार सफल रहा। उन्होंने बदलापुर, खेता-सराय, मडियाहूं, जलालपुर कस्बों में स्थापित बूथों की संख्या बताई और इन पर पोलियो की खुराक पीने वाले बच्चों की भी संख्या बताई। स्वैच्छिक संस्थाओं के सहयोग की भी उन्होंने प्रशंसा की। जिलाधिकारी ने लिखा कि जनपद में कुल बूथों की संख्या 1429 थी। कुछ बूथों से परिणाम आने बाकी थे। 17 जनवरी और 6 फरवरी, 1999 के दिन भी अभियान को सफल बनाने के लिये उन्होंने जनपद की तत्परता का आश्वासन दिया।

लोक सेवा आयोग : प्रवर वर्ग-अवर वर्ग परीक्षा, 1995

हिन्दी सारांश और आलेखन

निम्नलिखित का सारांश उपयुक्त शीर्षक देते हुए लगभग 100 (सौ) शब्दों में लिखिये तथा रेखांकित अंशों की व्याख्या कीजिए—

सुबह-शाम की प्रार्थना के बाद विनोबा जी प्रवचन करते थे। वे जो भी **बोलते थे वह ज्ञान, भक्ति और कर्मयोग का निचोड़ होता था।** इसकी बानगी उनके 30.4.35 के प्रवचन में मिलती है।

"आज की समाज-रचना इतनी बिगड़ गई है कि लोग एक दूसरे की चिन्ता नहीं करते। यदि कोई प्रयोग करना चाहे तो अपनी चिन्ता छोड़कर दूसरों की चिन्ता करके देख ले कि क्या परिणाम आता है। मुझे कैसे सुख मिले, मुझे कैसे प्रतिष्ठा मिले, इत्यादि चिन्तायें छोड़कर दूसरों की चिन्ता करके देखो। उसमें कैसा आनन्द आता है।

जो अपनी चिन्ता छोड़कर दूसरों की चिन्ता करने लगता है **उसकी भगवान को चिन्ता करनी पड़ती है।** मेरा ब्रह्मचर्य पालन का प्रयत्न है। यदि इस जन्म में सफलता न मिली तो चाहे अन्य जन्म भी क्यों न लेने पड़े मैं धीरज नहीं छोड़ूंगा।"

फिर आगे बोलते हुए उन्होंने कहा, "जो अपनी चिन्ता करने लगता है मैं उसकी चिन्ता से मुक्त हो जाता हूँ। मैं ही सब लाभ क्यों प्राप्त कर लूँ? **जो दूसरों के पास है वह भी तो मेरा ही है।** अगर एक जेब में पैसे थोड़े हुए और दूसरी जेब में ज्यादा तो क्या हम घबराते हैं? **दोनों जेबें हमारी ही तो हैं।**

एक मित्र ने मुझे से कहा कि जवानी में पैसे कमाकर बुढ़ापे के लिए रख लेना चाहिये। मैंने उससे तो कुछ नहीं कहा परन्तु कौन कहेगा कि यह विचार योग्य है। जो जवानी में सेवा करेगा उसकी सेवा बुढ़ापे में समाजरूपी परमेश्वर करेगा। अगर किसी को विश्वास न हो तो करके देख ले। सेवामय जीवन बिताने में जो आनन्द है वह अपने लिए चिन्ता करने में नहीं है। तुलसीदास ने कितना सुन्दर लिखा है - **"परहित बस जिनके मनमाही। तिन कंह जग दुर्लभ कुछ नाहीं।'** यह कहते-कहते विनोबा जी का हृदय भर आया और वाणी रुक गई। हम सबके हृदय भी गद्गद् हो गये। कितना पावन था वह दिन।

2. उत्तर प्रदेश के चुनाव आयुक्त की ओर से वाराणसी जनपद के जिलाधिकारी को सम्वोधित करते हुए अधिकतम एक पृष्ठ में एक अर्द्धशासकीय पत्र लिखिये जिसमें शासन को प्राप्त जिले में विधानसभा चुनाव सम्बन्धित अनियमितताओं की सूचनाओं के बारे में तथ्य प्रस्तुत करने को कहा गया हो; और उस पत्र का जिलाधिकारी की ओर से अधिकतम दो पृष्ठों में उत्तर लिखिये।

3. एक स्कूल के वार्षिकोत्सव में विद्यार्थियों को सम्बोधन के लिए अनुशासन की आवश्यकता पर बल देते हुए शिक्षा मंत्रीजी की ओर से एक संक्षिप्त भाषण लिखिये जो दो पृष्ठों से अधिक लम्बा न हो।

4. लोक सेवा आयोग, उत्तर प्रदेश द्वारा ली गई परीक्षा के आधार पर एक सफल अभ्यर्थी को उत्तर प्रदेश सचिवालय सेवा में प्रवर वर्ग सहायक के पद पर नियुक्ति पद का आलेख प्रस्तुत करें। इसमें अपना नाम, पता, रोल नम्बर किसी भी भाँति न लिखें।

5. उत्तरकाशी जनपद में आये आकस्मिक भूकंप की सूचना भेजते हुये प्रदेश शासन के राहत आयुक्त से तत्काल सहायता भेजने के लिये जिलाधिकारी की ओर से भेजे जाने वाले तार का आलेख प्रस्तुत करें।

अथवा

निम्नलिखित शब्दों में से किन्हीं पाँच के हिन्दी रूपान्तर लिखिये :-

(क) Government Order (ख) Circular

(ग) Reminder (घ) Endorsement

(ङ) Notification (च) Press Note (छ) Demi-Official Letter

(ज) Office Order (झ) Office Memorandum.

उत्तर

प्रश्न संख्या 1 (क) उपयुक्त शीर्षक : निष्काम कर्मयोग अथवा निःस्वार्थ सेवा का आनन्द।

(ख) **सारांशः** 30.4.35 के अपने प्रवचन में विनोबा जी ने ज्ञान, भक्ति और कर्मयोग का आशय समझाते हुये कहा कि लोग दूसरों की चिन्ता न करके अपनी चिन्ता करते हैं। परन्तु जो दूसरों की चिन्ता करता है उसकी चिन्ता भगवान स्वयं करते हैं। अपनी चिन्ता करने वाले की चिन्ता करना भगवान छोड़ देता है। यह सलाह कि युवावस्था में धन कमाकर बुढ़ापे के लिये रख लेना ठीक नहीं। सेवा करने में जो आनन्द है वह चिन्ता करने में कदापि नहीं है। तुलसीदास ने ठीक ही कहा है परहितवस जिनके मन माही। तिन कंह जग दुर्लभ कछु नाहीं।

(ग) रेखांकित अंशों की व्याख्या :

(i) **साधना के तीन मार्ग** - कर्म करना, ईश्वर की भक्ति करना और ज्ञान का अर्जन करना। इन तीनों का सारांश विनोबा जी के प्रवचन में होता था।

(ii) भगवान ने कहा कि मैं उसकी चिन्ता करता हूँ जो दूसरों के लिए चिन्तित होता है, अर्थात् जो निरन्तर परोपकार में लगा है।

(iii) सभी वस्तुएं ईश्वर की ही हैं। कोई वस्तु एक के पास रहे या दूसरे के पास, ईश्वर की ही होकर रहेगी।

(iv) सभी व्यक्ति ईश्वर के हैं। अतएव हर वस्तु ईश्वर की है।

(v) जिसके हृदय में सदैव परोपकार की भावना विद्यमान है, संसार में कोई वस्तु उसके लिए अप्राप्त नहीं है, उसे सब कुछ सुलभ है।

प्रश्न सं० 2

अर्द्धशासकीय पत्र सं० अ/102-381/98
चुनाव आयुक्त कार्यालय,
उत्तर प्रदेश, लखनऊ।
दिनांक.................

क, ख, ग
चुनाव आयुक्त

प्रिय श्री अवस्थी,

विविध स्रोतों से गत सप्ताह आपके जनपद के विधान-सभा क्षेत्र में हुए चुनाव के सम्बन्ध में निम्नलिखित चुनाव केन्द्रों के विषय में कुछ अनियमितताओं की सूचना मिली है:

(I) कि पोलिंग स्टेशन 1, 2, 3, 4 पर कुछ असामाजिक तत्वों ने बलपूर्वक एक बड़े वर्ग को मत-पत्र डालने से वंचित कर दिया।

(ii) कि पोलिंग स्टेशन 1, 2, 3, 4 पर समय से पूर्व चुनाव कार्य बंद कर दिया गया जिसके कारण कुछ लोग अपने मताधिकार का प्रयोग नहीं कर सके।

(iii) कि पोलिंग स्टेशन 1, 2, 3 पर महिलाओं के वोट देने की समुचित व्यवस्था नहीं थी जिसके कारण अधिकतर महिलायें वोट डालने से वंचित रह गई।

(iv) कि पोलिंग स्टेशन 1, 2, 3 के पीठासीन अधिकारी एक राजनीतिक पार्टी के प्रतिनिधि के भवन पर ठहरे थे जिससे उनकी निष्पक्षता में मतदाताओं को आस्था नहीं है।

अनुरोध है कि आप तत्काल जांच करके उपर्युक्त के सम्बन्ध में अपनी आख्या मुझको तीन दिन में भेजने की कृपा करें।

भवदीय
क ख ग

श्री अवनीश कुमार अवस्थी,
जिलाधिकारी,
वाराणसी।

उपर्युक्त पत्र का उत्तर

अवनीश कुमार अवस्थी
जिलाधिकारी,
वाराणसी।

अर्द्धशासकीय पत्र सं अ/418-210/98
दिनांक...................

प्रिय श्री क ख ग,

कृपया अपने अर्द्धशासकीय पत्र सं० अ/102-381/98 दिनांक.................का अवलोकन

करें जिसमें आपने..............................विधान-सभा क्षेत्र में दिनांक......................को हुये चुनाव के सम्बन्ध में चार प्रकार की अनियमितताओं के सम्बन्ध में आख्या मांगी है।

उक्त सभी मामलों का पूर्ण रूप से परीक्षण कर लिया गया है और प्रत्येक के सम्बन्ध में आख्या प्रस्तुत है :

(1) पोलिंग स्टेशन 1, 2, 3, के सम्बन्ध में लगाये गये आरोप पूर्णतः ग़लत पाये गये। वहाँ विभाजित रूप से मत-पत्र डाले गये हैं और किसी वर्ग को वंचित नहीं किया गया। किन्तु पोलिंग स्टेशन 4 के सम्बन्ध में यह आरोप अंशतः सही है। पीठासीन अधिकारी ने भी इस अनियमितता की सूचना क्षेत्रीय मजिस्ट्रेट को तत्काल दी थी और उनके कठोर कदम के कारण ऐसा करने वाले सफल नहीं हो सके। तीन लोग मौके पर ही गिरफ्तार कर लिये गये थे और उनके ऊपर मुकदमा कायम कर दिया गया है। इसके बाद मतदान का कार्य निर्विघ्न चलता रहा और कोई भी मतदान से वंचित नहीं रह गया।

(ii) आरोप संख्या 2 के सम्बन्ध में जानकारी प्राप्त की गई और आरोप पूर्णतः निराधार पाये गये। पोलिंग समय पर बंद हुई थी।

(iii) आरोप संख्या 3 केवल स्टेशन सं० 1 के सम्बन्ध में आंशिक रूप से सही पाया गया। शिकायत प्राप्त होते ही क्षेत्रीय मजिस्ट्रेट वहाँ पहुँच गये थे और तत्काल उन्होंने उचित व्यवस्था करा दी थी जिसके फलस्वरूप कोई भी महिला मतदाता को अपने मताधिकार का प्रयोग करने से वंचित नहीं रह जाना पड़ा।

(iv) यह शिकायत मुझे भी प्राप्त हुई थी, जब मतदान के बीच में अपने दौरे पर मैं वहाँ गया था। मैंने विविध स्रोतों से जाँच की तो शिकायत निराधार पाई गई। कुछ लोग धौंस के आधार पर पीठासीन अधिकारी से गलत कार्य कराना चाहते थे। जब पीठाधीन अधिकारी उनके कहने में नहीं आये तो लोगों ने उनके विरुद्ध गलत प्रचार करना आरंभ कर दिया। पीठासीन अधिकारी अपने पूरे स्टाफ के साथ विद्यालय के एक कमरे में ठहरे थे किसी के घर पर नहीं।

अंत में निवेदन है कि आप तक पहुँची अधिकांश शिकायतें निराधार हैं और जिनमें कार्यवाही अपेक्षित थी वहाँ अविलम्ब कार्यवाही कर दी गई थी।

ससम्मान,

भवनिष्ठ

अवनीश कुमार अवस्थी

श्री क ख ग,

चुनाव आयुक्त, उत्तर प्रदेश,

लखनऊ।

प्रश्न सं० 3

शिक्षा मंत्री जी का सम्बोधन

प्रधानाध्यपक जी, शिक्षक बन्धु एवं प्यारे बच्चों,

आपके विद्यालय के वार्षिक उत्सव के अवसर पर मुझे आप लोगों के बीच होने में बड़ी

प्रसन्नता हो रही है। आपके प्रधानाचार्य जी से यह सुनकर मुझे और भी प्रसन्नता हुई कि आपके विद्यालय के हाईस्कूल के दो विद्यार्थी प्रदेश की मेरिट सूची में स्थान पा सके और एक दर्जन से अधिक विद्यार्थी प्रथम श्रेणी में उत्तीर्ण हुये।

यह सब आपके विद्यालय में चल रहे अनुशासित कार्यकलापों का ही परिणाम है। जीवन के हर क्षेत्र में चाहे वह अपना घर हो या विद्यालय, कार्यालय हो या समाज का कोई अन्य क्षेत्र, खेल का मैदान हो या रेल का सफर, सर्वत्र अनुशासन की आवश्यकता है। अनुशासन के प्रशिक्षण का शुभारंभ विद्यालय से ही करना पड़ता है।

दुःख का विषय है कि अनुशासन का महत्व वर्तमान समाज में लोग भूलते जा रहे हैं। अनुशासनहीनता अधिक दिखाई देने लगी है।

बहुत कम विद्यालय हैं जिनमें अच्छी पढ़ाई-लिखाई होती है और समय से परीक्षायें होती हैं तथा आपके विद्यालय की भाँति उच्च कोटि का परीक्षाफल निकलता है। अनुशासनबद्ध होने के परिणामस्वरूप कार्य सुव्यवस्थित ढंग से चलता है। जहाँ कठिनाई आती भी है वहां किसी तरह के विग्रह या वैमनस्य को सिर उठाने का मौका नहीं मिलता क्योंकि सब कुछ नियमानुसार होता है। अनुशासनप्रिय होने का एक सबसे बड़ा लक्षण नियम-पालन है, चाहे उससे जितना भी कष्ट हो।

अनुशासनबद्ध आचरण वाले व्यक्ति की समाज में अच्छी प्रतिष्ठा होती है और सभी लोग उसे आदर की दृष्टि से देखते हैं। मर्यादा के अंदर रहने के कारण अनुशासित व्यक्ति का समय नष्ट नहीं होता। यदि ऐसा व्यक्ति पढ़-लिख कर किसी प्रतियोगी परीक्षा में बैठना चाहता है तो उसे अनुशासनहीन व्यक्ति की तुलना में बहुत अच्छा अवसर मिलता है। सफलता का द्वार उसके लिए सदा उन्मुक्त रहता है।

अनुशासन का आशय है नियमों का पालन। हर सभ्य समाज में जीवन के हर क्षेत्र के लिये कुछ नियम बने हैं। समाज में शान्ति और सुव्यवस्था इन नियमों के पालन पर ही निर्भर करता है। अनुशासन से समाज का हित तो होता ही है व्यक्ति का भी हित होता है। अनुशासनहीन होने से कहीं कोई काम ठीक समय पर नहीं हो पाता। विदेशों में हमारे यहां की तुलना में समय-पालन पर लोगों का अधिक ध्यान रहता है क्योंकि उनमें अनुशासनप्रियता अधिक है। वहाँ प्रत्येक कार्य निर्धारित समय पर होता है। समय से बसें और रेलगाड़ियाँ चलती हैं, समय पर लोग कार्यालय जाते हैं। नतीजा यह होता है कि कार्य निपटाने में वहाँ न्यूनतम समय लगता है। समय नष्ट करना वहाँ एक प्रकार से पाप समझा जाता है।

अनुशासनपालन हमें सिखाता है कि अपना कर्त्तव्य करो और समय पर कार्य करो। नैतिक शिक्षा से भिन्न कोई चीज नहीं है। आपसे हमारी अपेक्षा है कि आप अनुशासन के प्रति अपना आचरण बढ़ायें। विद्यालय में आप कर्त्तव्य और नियम-पालन का पाठ सबसे पहले सीखें। इससे आपका और आपके विद्यालय का नाम ऊँचा होगा। इसी से समाज और देश का कल्याण होगा।

जयहिन्द

प्रश्न सं० 4

उत्तर प्रदेश शासन,
सचिवालय
प्रशासन विभाग।

सं०.................. दिनांक....................

नियुक्ति पत्र

लोक सेवा आयोग, उत्तर प्रदेश द्वारा सचिवालय प्रवर वर्ग/अवर वर्ग सहायक परीक्षा.......के आधार पर चयनित श्री अ ब स को उनके कार्यभार ग्रहण करने के दिनांक से उत्तर प्रदेश सचिवालय में प्रवर वर्ग सहायक के एक स्थायी पद पर राजस्व विभाग में वेतनमान 2500-50-4000 में एक वर्ष के परिवीक्षण पर नियुक्त किया जाता है।

आज्ञा से
x x x
सचिव

सं०......................... दिनांक......................

1. प्रतिलिपि राजस्व सचिव, उत्तर प्रदेश शासन, सचिवालय, लखनऊ को सूचनार्थ एवं आवश्यक कार्यवाही हेतु प्रेषित।
2. प्रतिलिपि मुख्य लेखाधिकारी, सचिवालय प्रशासन विभाग को सूचनार्थ एवं आवश्यक कार्यवाही हेतु प्रेषित।
3. प्रतिलिपि श्री क ख ग को इस आशय से प्रेषित है कि वह राजस्व सचिव, उत्तर प्रदेश सचिवालय में कार्यभार ग्रहण करने हेतु यथाशीघ्र सम्पर्क करें।
4. प्रतिलिपि सचिव, लोक सेवा आयोग, उत्तर प्रदेश, इलाहाबाद को सूचनार्थ प्रेषित।

सचिव

प्रश्न सं० 5

तार

सरकारी/राज्य साधारण/द्रुतगामी

राहत आयुक्त,
उत्तर प्रदेश शासन,
सचिवालय, लखनऊ।

जनवरी पच्चीस रात में उत्तरकाशी जनपद के बीस गाँव भीषण भूकम्प से प्रभावित, लगभग तेरह सौ मकान क्षतिग्रस्त, मृतक संख्या एक सौ बत्तीस, युद्धस्तरीय सहायता जारी, पचास लाख

धनराशि तत्काल राहत कार्य हेतु अविलम्ब अपेक्षित

जिलाधिकारी, उत्तरकाशी।

तार के लिए नहीं

दिनांक....................समय................ जिलाधिकारी, उत्तरकाशी।

डाक द्वारा प्राप्ति हेतु प्रेषित

जिलाधिकारी, उत्तरकाशी।

अथवा

अंग्रेजी शब्दों के हिन्दी रूपान्तर

(क) शासकीय आदेश

(ख) परिपत्र

(ग) अनुस्मारक

(घ) पृष्ठांकन

(ङ) अधिसूचना

(च) प्रेस नोट, विज्ञप्ति

(छ) अर्द्धशासकीय पत्र

(ज) कार्यालय आदेश

(झ) कार्यालय ज्ञाप

प्रश्न— नीचे उद्धृत पत्र-व्यवहार का प्रवाह-संक्षेप और सारणी-संक्षेप तैयार कीजिए:

(1)

सं० रा० -984/वि० 257/98

प्रेषक

x x x

सचिव, राज्यपाल,

उत्तर प्रदेश।

राजभवन, लखनऊ।

दिनांक 22 सितम्बर, 1998

सेवा में,

उत्तर प्रदेश के समस्त विश्वविद्यालयों के कुलपति,

विषय : विश्वविद्यालयों में सत्र का नियमितीकरण।

महोदय,

मुझे यह कहने का निदेश हुआ कि महामहिम राज्यपाल प्रदेश के विश्वविद्यालयों में व्याप्त

अव्यवस्था से चिन्तित हैं। परिनियमावली में प्रवेश परीक्षा-संचालन एवं परीक्षाफल घोषित करने की तिथियों का निर्धारण कर दिया गया है किन्तु इनका अनुपालन नहीं हो रहा है।

आपका ध्यान विशेष रूप से 8 सितम्बर, 1997 के शासनादेश की ओर आकृष्ट करना चाहता हूँ जिसमें स्पष्ट निर्देश हैं कि 31 अगस्त के बाद प्रवेश न दें। पर प्रदेश के अनेक विश्वविद्यालयों में प्रवेश-प्रक्रिया अभी भी जारी है। प्राप्त सूचना के अनुसार कुछ विश्वविद्यालयों में प्रवेश-परीक्षा हो गई है, किन्तु उसका फल घोषित नहीं हुआ है, कुछ में प्रवेश-परीक्षा अभी तक हुई ही नहीं और कुछ विश्वविद्यालय ऐसे भी है जहाँ अभी सामान्य वार्षिक परीक्षायें चल रही है। ऐसी दशा में सत्र के नियमित होने की आशा कैसे की जा सकती है।

आपको स्मरण होगा कि इस वर्ष 15 जून को सम्पन्न हुये कुलपति-सम्मेलन में इस बात पर आम सहमति बनी थी कि विश्वविद्यालयों में शैक्षिक कार्य-दिवस कम से कम 180 होने चाहिये और छात्रों की उपस्थिति 75 प्रतिशत से कम न हो।

आपसे अनुरोध है कि उन कारणों से अवगत करायें जिनके चलते सत्र के नियमितीकरण में बाधा आ रही है और उनके निराकरण के उपायों के सम्बन्ध में भी आप अपने सुझाव देने का कष्ट करें।

ससम्मान,

भवदीय

x x x

सचिव, राज्यपाल।

(2)

सं० इ-875/स-327/98

दिनांक 30 सितम्बर, 1998

प्रेषक,

कुलसचिव,
इलाहाबाद विश्वविद्यालय,
इलाहाबाद।

सेवा में

सचिव,
महामहिम राज्यपाल, उत्तर प्रदेश,
राजभवन, लखनऊ।

विषय : सत्र का नियमितीकरण

महोदय,

कुलपति को सम्बोधित आपके पत्र सं० रा०-984/वि-257/98 दिनांक 22 सितम्बर, 1998 के संदर्भ में निवेदन है कि विश्वविद्यालय के सत्र के नियमित न होने के कारण महामहिम राज्यपाल की चिन्ता से हम भलीभाँति अवगत हैं। 15 जून को हुए कुलपति-सम्मेलन को सम्बोधित करते हुए राज्यपाल जी ने इस समस्या पर विशेष बल दिया था। किन्तु बीच में ऐसे

व्यवधान उपस्थित हो गये कि कुलपति-सम्मेलन में लिये गये निर्णयों को कार्यान्वित नहीं किया जा सका।

कुछ समय इस ऊहापोह में बीत गया कि प्रवेश-परीक्षा ली जाय या पिछली परीक्षाओं के प्राप्तांकों के आधार पर प्रवेश दिया जाय। प्रवेश-परीक्षा के पक्ष में निर्णय होने पर विश्वविद्यालय के अध्यापक दो दलों में बँट गये। स्थानीय नेताओं में भी मतभेद उत्पन्न हो गया। किसी से यह तथ्य छिपा नहीं है कि विश्वविद्यालय के अधिकारियों को किसी बात पर निर्णय लेते समय स्थानीय जनमत, विशेष कर छात्र-नेताओं की प्रतिक्रिया का ध्यान रखना पड़ता है। सच तो यह है कि राजनीतिक दल विश्वविद्यालय के मामलों में हस्तक्षेप करने को हमेशा तैयार रहते हैं। अपना यह खेल छात्र-नेताओं की आड़ में खेलते हैं। एक दूसरे का विरोध करना उनका नित्य का काम है। विश्वविद्यालय के कामकाज में वे बिना मतलब अड़ंगे लगाया करते हैं। इन राजनीतिक दलों को इस बात पर सहमत किया जा सके कि वे विश्वविद्यालय के मामलों से तटस्थ रहेंगे तो छात्र-नेता स्वयं अपने समुदाय का हित समझने लगेंगे और सत्र के नियमित होने में इससे बड़ी सहायता मिलेगी।

विश्वविद्यालय में प्रवेश-परीक्षा 4 अक्टूबर को हो रही है। आशा है महीने के अंत तक परीक्षाफल घोषित हो जायेगा।

भवदीय

x x x

कुलसचिव

(3)

पत्र सं० ल-617/स-503/98

दिनांक 1 अक्टूबर, 1998

प्रेषक

x x x

कुलसचिव,

लखनऊ विश्वविद्यालय,

लखनऊ।

सेवा में

महामहिम राज्यपाल के सचिव,

राजभवन, लखनऊ।

विषय : सत्र का नियमितीकरण

महोदय,

आप के पत्र सं० रा०-984/वि 257/98 दिनांक 22 सितम्बर, 1998 के संदर्भ में निवेदन है कि विश्वविद्यालय में प्रवेश-परीक्षा हो चुकी है, किन्तु कम्प्यूटर की खराबी से अभी तक

परीक्षाफल तैयार नहीं हो पाये हैं। इसमें कम्प्यूटर कम्पनी के कर्मचारियों की ढिलाई भी एक कारण रही है। कुछ कार्य एक जगह पूरा हो चुका है, इसलिए शेष कार्य किसी अन्य को देना ठीक नहीं समझा गया। प्रतीक्षा में काफी समय निकल गया है। आज ही यह निर्णय लिया गया है कि शेष कार्य अन्यत्र करा लिया जाय। आशा है 15 अक्टूबर तक प्रवेश-परीक्षा के परीक्षाफल घोषित हो जायेंगे।

स्नातकोत्तर कक्षाओं में अध्यापन कार्य दूसरे सप्ताह में आरंभ हो गया था। प्रयत्न यही है कि 1999 की परीक्षाएँ समय से करा दी जायें।

भवदीय

x x x

कुलसचिव

सं० ग - 199/स-552/98

दिनांक 12 अक्टूबर, 1998

प्रेषक,

कुलसचिव,
गोरखपुर विश्वविद्यालय,
गोरखपुर।

सेवा में,

सचिव, महामहिम राज्यपाल,
राजभवन, लखनऊ।

विषय : विश्वविद्यालय में सत्र का नियमितीकरण

महोदय,

कुलपति को सम्बोधित आप के पत्र सं० रा० - 984/वि 257/98 दिनांक 22 सितम्बर, 1998 के संदर्भ में मुझे यह कहने का निदेश हुआ है कि इस क्षेत्र में आई भीषण बाढ़ के प्रकोप के कारण विश्वविद्यालय का कार्य गंभीर रूप से प्रभावित हुआ है और अध्ययन-अध्यापन का कार्य अस्तव्यस्त हो गया है। परिणामस्वरूप अभी तक स्नातक-स्तर पर प्रवेश के लिए परीक्षायें भी आयोजित नहीं की जा सकीं। पूरा विश्वविद्यालय-परिसर बाढ़ से पीड़ित जन-समुदाय का शरण-स्थल बना हुआ था।

स्थिति में धीरे-धीरे सुधार हो रहा है और परिसर की सफाई का काम जारी है। इस माह के अंत तक प्रवेश-परीक्षायें हो जायेंगी। अभी तो वार्षिक परीक्षाओं का क्रम भी पूरा नहीं हुआ।

हम महामहिम राज्यपाल की सत्र-विषयक अनियमितता से उत्पन्न चिन्ता से अवगत हैं। किन्तु प्रकृति के प्रकोप के सामने सत्र-नियमितीकरण की दिशा में हम अब तक कुछ नहीं कर पाये हैं।

भवदीय

x x x

कुलसचिव

उत्तर—

प्रवाह-संक्षेप

उत्तर प्रदेश के महामहिम राज्यपाल के सचिव ने पत्रांक रा० 984/वि०-257/98 दिनांक 22 सितम्बर, 1998 द्वारा राज्य के विश्वविद्यालयों के कुलपतियों को इस तथ्य से अवगत कराया गया कि विश्वविद्यालयों का सत्र नियमित न चलने से राज्यपाल महोदय चिन्तित हैं। नियमावली में प्रवेश-परीक्षा-संचालन एवं परीक्षाफल घोषित करने की तिथियां निर्धारित कर दी गई हैं, किन्तु उनका अनुपालन नहीं होता। इस सम्बन्ध में शासनादेशों का भी स्पष्ट रूप से उल्लंघन हो रहा है। पत्र में किसी विश्वविद्यालय का नाम लिये बिना उनके द्वारा की जाने वाली अनियमितताओं के उदाहरण दिये गये। अंत में पूछा गया कि आखिर ऐसी अनियमितताओं का कारण क्या है। उनके निराकरण के लिये सुझाव भी मांगे गये।

गोरखपुर विश्वविद्यालय के कुलसचिव ने पत्र सं० ग - 199/स-552/98 दिनांक 12 अक्टूबर, 1998 द्वारा स्पष्टीकरण देते हुए क्षेत्र में आई भीषण बाढ़ को सत्र अस्तव्यस्त होने का कारण बताया। लखनऊ विश्वविद्यालय के कुलसचिव ने 1 अक्टूबर के पत्र सं० ल-617/स-503/98 में स्पष्टीकरण देते हुये लिखा कि कम्प्यूटर की खराबी के कारण प्रवेश-परीक्षा का परिणाम घोषित होने में देर हो रही थी। स्नातकोत्तर कक्षाओं में पढ़ाई शुरू हो गई है। इलाहाबाद के कुलसचिव ने 30 सितम्बर, 1998 के पत्रांक इ- 875/स-327/98 द्वारा स्पष्टीकरण दिया कि विश्वविद्यालय में अनिश्चितता के चलते प्रवेश-परीक्षा ही देर में हुई। इसके मूल में राजनीतिक कारणों का आड़े हाथ आना है। उन्होंने स्पष्ट कहा कि जब तक राजनीतिक दल छात्रों पर केवल रानजीति करते रहेंगे, सत्र का नियमित होना कठिन ही लगता है।

सारणी-संक्षेप

क्रम संख्या	पत्रांक	दिनांक	प्रेषक	प्रेषिती	विवरण
1.	रा-984/वि 257/98	22 सितम्बर, 1998	सचिव, राज्यपाल, उ०प्र०, लखनऊ।	उत्तर प्रदेश के सभी विश्वविद्यालयों के कुलपति	राज्यपाल के सचिव ने सभी कुलपतियों को राज्यपाल की इस चिन्ता से अवगत कराया कि प्रदेश का कोई विश्वविद्यालय नियमित सत्र के अनुसार नहीं चल रहा है। नियमावली और शासनादेशों का बराबर उल्लंघन हो रहा है। इस सम्बन्ध में उन्होंने 15 जून को हुये कुलपति-सम्मेलन के निर्णयों का भी स्मरण कराया।

2.	ड-875/स-327/98	30 सितम्बर, 1998	कुलसचिव, इलाहाबाद।	सचिव, राज्यपाल, उ०प्र० राजभवन, लखनऊ।	कुलसचिव ने स्पष्टीकरण दिया कि प्रवेश-परीक्षा को लेकर अनिश्चितता के कारण परीक्षा देर से हुई। राजनीतिक दलों के कारण सारी बाधायें आती हैं, जब तक वे विद्यार्थियों को अपने प्रभाव से मुक्त नहीं करते सत्र का नियमित होना कठिन है।
3.	ल-617/स 523/98	1 अक्टूबर, 1998	कुलसचिव, लखनऊ।	सचिव, राज्यपाल, उ०प्र०, लखनऊ।	प्रवेश-परीक्षा समय पर हो गई थी, किन्तु कम्प्यूटर की खराबी से परिणाम तैयार होने में विलम्ब हुआ। 15 अक्टूबर तक परीक्षाफल के आने की आशा जताई। स्नातकोत्तर कक्षाओं में पढ़ाई आरंभ।
4.	ग-199/स-552/98	12 अक्टूबर, 1998	कुलसचिव, गोरखपुर।	सचिव, राज्यपाल, उ०प्र०, लखनऊ।	अभी तक प्रवेश-परीक्षायें नहीं हुई हैं। बाढ़ की विभीषिका ने सारा कार्यक्रम अस्तव्यस्त कर दिया है। कुछ विषयों में वार्षिक परीक्षा भी पूरी नहीं हो पाई है।

प्रश्न— नीचे उद्धृत पत्र-व्यवहार का प्रवाह-संक्षेप और सारणी संक्षेप प्रस्तुत कीजियेः—

सं० 265/क-132/98

दिनांक 18 जुलाई, 1998

प्रेषक

x x x

मुख्य सचिव

तमिलनाडु सरकार,

मद्रास।

सेवा में

गृह सचिव,

भारत सरकार,

नई दिल्ली।

विषय : कावेरी जल विवाद

महोदय,

मुझे यह कहने का निदेश हुआ है कि कृपया उपर्युक्त विषय पर इस कार्यालय से प्रेषित पत्र सं० 373/क-287/91 दिनांक 3.8.91 से लगा पत्र सं० 417/क-367/98 दिनांक 20.7.98 तक के पत्रों का संदर्भ लेने का कष्ट करें।

न्यायमूर्ति चित्त तोष मुकर्जी की अध्यक्षता वाले कावेरी जल विवाद न्यायाधिकरण ने 26

जून, 1991 के अपने अंतरिम आदेश में कर्नाटक सरकार को निर्देश दिया था कि वह तमिलनाडु को प्रति वर्ष कावेरी नदी का 205 अरब घनफुट पानी जारी करे। यह अंतरिम आदेश इस तथ्य को दृष्टि में रखते हुये दिया गया था कि जल के अभाव में तमिलनाडु के किसानों को अपार क्षति पहुँच रही है और उनकी जीविका का मूल साधन खेती नष्ट हो रही है। न्यायाधिकरण के आदेश के विरुद्ध कर्नाटक सरकार ने उच्चतम न्यायालय में जो अपील की थी न्यायालय द्वारा 1995 में वह ठुकराये जाने को भी लगभग तीन वर्ष हो रहे हैं। न्यायाधिकरण के आदेश को लागू करने के लिये केन्द्र सरकार को कार्यान्वयन योजना बना कर उसे संसद में प्रस्तुत करना था। किन्तु न तो पूर्ववर्ती सरकारों ने ऐसा किया और न वर्तमान सरकार ही ऐसा करने में कोई रुचि दिखा रही है। दोनों राज्यों की अलग-अलग याचिकायें उच्चतम न्यायालय के सामने आती रही हैं और उनकी सुनवाई में समय बीतता जा रहा है। केन्द्र सरकार उस मामले में अब तक आठ बार सुनवाई स्थगित करा चुकी है। इधर पानी के अभाव में तमिलनाडु के किसानों की हालत बद से बदतर होती जा रही है।

अतएव केन्द्र सरकार से अपेक्षा की जाती है कि न्यायाधिकरण के अंतरिम आदेश के कार्यान्वयन हेतु वह अविलम्ब कार्ययोजना बनाये और सरकारी बजट में उसे प्रकाशित करे।

भवदीय

x x x

मुख्य सचिव,

तमिलनाडु सरकार

सं० 818/क-164/98

दिनांक 25 जुलाई, 1998

प्रेषक,

x x x

गृह सचिव,

भारत सरकार,

नई दिल्ली।

सेवा में

मुख्य सचिव,

तमिलनाडु सरकार,

मद्रास।

विषय : कावेरी जल विवाद

महोदय,

आपके पत्र सं० 265/क-132/98 दिनांक 18 जुलाई, 1998 के संदर्भ में मुझे यह कहने का निदेश हुआ है कि वर्तमान केन्द्र सरकार तमिलनाडु और कर्नाटक सरकारों के बीच कावेरी

जल बँटवारे के सम्बन्ध में उत्पन्न विवाद को गंभीरता से ले रही है और उसका उचित समाधान पाने के लिये प्रयास अनवरत चल रहे हैं। यह ठीक है कि केन्द्र ने इस मामले में सुनवाई कर रहे उच्चतम न्यायालय से अब तक कई बार स्थगन आदेश प्राप्त किये हैं। इसका मुख्य कारण यह है कि केन्द्र चाहता है कि सम्बन्धित सभी सरकारों के सद्भावपूर्ण परामर्श से कोई ऐसा समाधान निकाल आये जो सभी को मान्य हो। इसी उद्देश्य से प्रेरित होकर केन्द्र ने नवीं वार उच्चतम न्यायालय में सुनवाई स्थगित कराई है। जैसा कि आप अवगत हैं 21 जुलाई को जब यह मामला पुनः सुनवाई के लिए न्यायालय के सामने आया तो केन्द्र की प्रार्थना पर न्यायालय ने सुनवाई 12 अगस्त तक के लिए स्थगित कर दी है। हमें पूरा विश्वास है कि इस बीच कावेरी जल-बँटवारे के विवाद का कोई न कोई समाधान निकाल लिया जायेगा। प्रधानमंत्री ने सम्बन्धित राज्यों— तमिलनाडु, कर्नाटक, केरल और पांडीचेरी— के मुख्य-मंत्रियों की बैठक भी 8 अगस्त को बुलाई है। न्यायाधिकरण के अंतरिम निर्णय को लागू करने की कार्य-योजना पर उस दिन कोई-न-कोई समझौता जरूर हो जायेगा।

भवदीय

x x x

गृह-सचिव, भारत सरकार।

उत्तर—

(अ) प्रवाह-संक्षेप

तमिलनाडु के मुख्य-सचिव ने 18 जुलाई, 1998 के पत्रांक 265/क/132/98 द्वारा भारत सरकार के गृह-सचिव को स्मरण कराया कि न्यायमूर्ति मुकर्जी की अध्यक्षता वाले न्यायाधिकरण का अंतरिम आदेश 16 जुलाई, 1991 में आया था जिसमें कर्नाटक सरकार को निर्देश दिया गया था कि वह प्रति वर्ष 205 अरब घनफुट कावेरी जल तमिलनाडु को जारी करे। इसके विरुद्ध कर्नाटक सरकार की अपनी याचिका सुप्रीम कोर्ट ने 1995 में खारिज कर दी थी। तबसे दोनों राज्यों की सरकारें सुप्रीम कोर्ट के सामने लड़ाई में लगी रही हैं। केन्द्र सरकार मामले में आठ बार मोहलत ले चुकी है। पानी के अभाव में तमिलनाडु के किसानों की खेती चौपट हो रही है। जरूरत है कि न्यायाधिकरण के निर्देश के अनुसार केन्द्र सरकार तुरन्त कार्य-योजना बनाकर उसे लागू करे।

उपर्युक्त पत्र के उत्तर में भारत सरकार के गृह-सचिव ने अपने 25 जुलाई के पत्रांक 818/क- 164/98 में लिखा कि कावेरी जल विवाद को निपटाने के प्रति भारत सरकार प्रयत्नशील है। वह चाहती है कि मामला सुलझ जाये और सभी सम्बन्धित राज्यों के बीच सौहार्द्र बना रहे। मामले की सुनवाई करते हुए उच्चतम न्यायालय ने 20 जुलाई को भारत सरकार को 12 अगस्त तक का समय दिया है। प्रधानमंत्री ने तमिलनाडु, कर्नाटक, केरल और पांडीचेरी के मुख्य-मंत्रियों की बैठक 8 अगस्त को बुलाई है। आशा करनी चाहिये कि उस बैठक में विवाद का समाधान जरूर निकल आयेगा।

(ब) सारणी-संक्षेप

क्रम संख्या	पत्रांक	दिनांक	प्रेषक	प्रेषिती	विवरण
1	265/क-132/98	18.7.1998	मुख्य-सचिव, तमिलनाडु सरकार, मद्रास।	गृह-सचिव, भारत सरकार, नई दिल्ली।	पत्र में गृह-सचिव को स्मरण कराया गया कि न्यायमूर्ति मुकर्जी की अध्यक्षता वाले न्यायाधिकरण के इस आदेश का पालन अभी तक नहीं हुआ कि कर्नाटक सरकार प्रति वर्ष 205 अरब घनफुट कावेरी का पानी तमिलनाडु को जारी करे। इस संबंध में कर्नाटक सरकार की अपील भी सुप्रीम कोर्ट द्वारा 1995 में खारिज हो चुकी थी। भारत सरकार सुप्रीम कोर्ट से 8 बार मोहलत ले चुकी है। तमिलनाडु के किसानों को पानी के अभाव में महान् कष्ट है। अतः भारत सरकार को चाहिये कि न्यायाधिकरण के अन्तरिम आदेश को लागू करने के लिए तुरंत कार्य-योजना बनाये।
2.	838/क-164/98	25.7.98	गृह-सचिव, भारत सरकार, नई दिल्ली।	मुख्य-सचिव, तमिलनाडु सरकार, मद्रास।	उपर्युक्त के उत्तर में गृह-सचिव ने लिखा कि भारत सरकार मामले के प्रति गंभीर है और उसका प्रयत्न है कि कावेरी जल विवाद का सौहार्द्रपूर्ण समाधान निकल आये। उसने मामले की सुनवाई कर रहे उच्चतम न्यायालय से 20 जुलाई की सुनवाई के दर्म्यान 12 अगस्त तक का समय पाया है। प्रधानमंत्री ने तमिलनाडु, कर्नाटक, केरल और पांडीचेरी के मुख्य-मंत्रियों की बैठक 8 अगस्त को बुलाया है। विश्वास है कि उस बैठक में विवाद का कोई हल निकल जायेगा।

प्रश्न— निम्नांकित पत्र-व्यवहार का प्रवाह-संक्षेप तथा तालिका संक्षेप तैयार कीजिये।

शिक्षा निदेशक, उत्तर प्रदेश

इलाहाबाद

पत्र सं० 818-2/59/स/97-98 दिनांक 10 दिसम्बर 9198

सेवा में,

शिक्षा सचिव

उत्तर प्रदेश शासन, सचिवालय

लखनऊ

विषयः—अवैतनिक वेतन के विपरीत प्रभाव से छूट

महोदय,

सेवा में निवेदन है कि श्री भोला नाथ यादव राजकीय उच्चतर माध्यमिक विद्यालय देवरिया में संस्कृत के सहायक अध्यापक हैं। वह संस्कृत में एम.ए. और साहित्यचार्य हैं और विगत सात वर्षों से यह विषय पढ़ाते रहे हैं। राजकीय सेवा में प्रवेश करने के पूर्व उन्होंने शिक्षक-प्रशिक्षण प्राप्त नहीं किया था। सेवा में स्थायी होने के बाद विभागीय अनुमति से उन्होंने के.पी. ट्रेनिग कालेज इलाहाबाद से एल.टी. का प्रमाण-पत्र प्राप्त किया और इस प्रकार अब वह एक प्रशिक्षित अध्यापक हो गये हैं।

प्रशिक्षण-काल में श्री भोलानाथ यादव को तीन मास का अवकाश यथा-नियम औसत आधे वेतन पर लेना पड़ा था और 5 अक्टूबर 1997 से 20 मार्च 1998 तक वे अवैतनिक अवकाश पर रहे। प्रशिक्षण से लौटने के बाद श्री भोलानाथ यादव प्रशिक्षित स्नातक वेतन-क्रम में प्रोन्नत हो गये हैं।

श्री यादव द्वारा इस आशय का प्रार्थना पत्र प्रस्तुत किया है, जो मूल रूप में संलग्न है, कि उनके प्रशिक्षित होने से न केवल उनकी अध्यापन-दक्षता में वृद्धि हुई है वरम् उससे शिक्षा विभाग भी सामान्वित हुआ है। विद्यालय के प्रधानाध्यापक ने उनकी कार्य-निष्ठा की प्रशंसा करते हुए लिखा है कि प्रशिक्षण के बाद श्री यादव पहले से और अच्छे अध्यापक हो गये हैं।

संलग्न पत्र में श्री यादव का निवेदन है कि प्रशिक्षण काल में उन्हें 5 अक्टूबर 1997 से 20 मार्च 1998 तक का जो अवैतनिक अवकाश लेना पड़ा था उसका उनके वार्षिक वेतन-वृद्धि पर प्रतिकूल प्रभाव होगा, अर्थात् उनकी वार्षिक वेतन-वृद्धि की तिथि उतने दिन आगे खिसक जायेगी। श्री यादव का तर्क है यह अवैतनिक अवकाश उन्हें उस परिस्थिति में लेना पड़ा था जिस पर उनका कोई अधिकार नहीं था। प्रशिक्षण प्राप्त करने की अनुमति उन्हें विभाग से प्राप्त हुई थी और प्रशिक्षण महाविद्यालय में प्रवेश लेने के बाद उन्हें कम से कम नौ महीने वहां बिताने ही थे।

वित्तीय संहिता एण्ड 2 भाग 2 के नियम 26 (बी) के अधीन राज्यपाल महोदय को यह अधिकार प्राप्त है कि वे ऐसी परिस्थिति में प्रार्थी को अवैतनिक अवकाश से उसकी वेतन-वृद्धि

पर पड़ने वाले विपरीत प्रभाव से छूट दे सकते हैं। विगत वर्षों में भी ऐसे मामलें राज्यपाल महोदय के सामने आये हैं जिनमें उन्होंने कृपापूर्वक ऐसे विपरीत प्रभाव से आवेदनकर्त्ताओं को छूट प्रदान की है।

अतएव संस्तुति की जाती है कि श्री भोलानाथ यादव का 5 अक्टूबर 1997 से 20 मार्च 1998 तक का अवैतनिक अवकाश उनके सेवाकाल में व्यवधान न माना जाय और यह अवधि उनकी वार्षिक वेतन-वृद्धि के लिए अनुमन्य बनी रहे।

भवदीय

x x x

शिक्षा निदेशक

सं० 6017/15-190/1998-99

प्रेषक

शिक्षा सचिव

उत्तर प्रदेश शासन,

लखनऊ

दिनांक 5 मार्च 1999

सेवा में,

शिक्षा निदेशक, उत्तर प्रदेश,

शिक्षा निदेशालय

इलाहाबाद

विषयः—श्री भोलानाथ यादव को अवैतनिक अवकाश के संभाव्य विपरीत प्रभाव से छूट

महोदय,

आपके पत्र सं० 818-2/59स/42/98 दिनांक 10 दिसम्बर 1998 के संदर्भ में मुझे यह कहने का निदेश हुआ कि राज्यपाल महोदय पूर्ण विचार के पश्चात् आश्वस्त हैं कि श्री भोलानाथ यादव, सहायक अध्यापक (संस्कृत) राजकीय माध्यमिक विद्यालय देवरिया को उन परिस्थितियों में अवैतनिक अवकाश लेना पड़ा था जिन पर उनका कोई अधिकार नहीं था और कि उनके प्रशिक्षण प्राप्त करने के फलस्वरुप उनकी अध्यापन-दक्षता में वृद्धि हुई है।

अतएव वित्त संहिता खण्ड 2 भाग 2 के नियम 6 (बी) में प्राप्त अधिकारों का प्रयोग करते हुए राज्यपाल महोदय यह अनुमति प्रदान करते हैं कि श्री भोलानाथ यादव द्वारा लिये गये अवैतनिक अवकाश की गणना उनकी वार्षिक वेतन वृद्धि में की जाय।

भवदीय

x x x

सचिव

प्रेषक

शिक्षा निदेशक, उत्तर प्रदेश

इलाहाबाद

सेवा में

उप शिक्षा निदेशक, गोरखपुर मण्डल, गोरखपुर

प० सं० 818-2/59-(1)/99

दिनांक 15 मार्च 1999

विषयः—भोलानाथ यादव के अवैतनिक अवकाश का प्रकरण

महोदय,

आपके पत्र सं० 735-2/183/स/97-98 दिनांक 4 अक्टूबर 1998 के संदर्भ में, जिसके साथ आपने जी भोलानाथ यादव सहायक अध्यापक (संस्कृत) राजकीय माध्यमिक विद्यालय देवरिया का उक्त विषयक प्रार्थना-पत्र संस्तुति करते हुए अग्रसारित किया था मुझे सूचित करना है कि राज्यपाल महोदय ने वित्त संहिता खण्ड 2 भाग 2 के नियम 6 (बी) में प्राप्त अधिकारों का प्रयोग करते हुए श्री यादव को उनके द्वारा लिए अवैतनिक अवकाश के कारण उनकी वार्षिक वेतन-वृद्धि पर पड़ने वाले विपरीत प्रभाव से मुक्त कर दिया है। अतएव जी यादव का 5 अक्टूबर 97 से 5 मार्च 98 तक का अवैतनिक अवकाश उनकी वार्षिक वेतन वृद्धि में अनुमन्य होगा।

इस संदर्भ में आगे की कार्यवाही सुनिश्चित की जाय।

भवदीय

x x x

शिक्षा निदेशक

संलग्नक : राजाज्ञा की प्रतिलिपि

प्रेषक

उपशिक्षा निदेशक, गोरखपुर मण्डल,

गोरखपुर

सेवा में,

जिला विद्यालय निरीक्षक, देवरिया

प.सं. 317/445/3/99

दिनांक 20 मार्च 1999

विषयः—श्री भोलानाथ यादव का अवैतनिक अवकाश

महोदय,

उपर्युक्त संदर्भ में सूच्य है कि राज्यपाल महोदय ने वित्त संहिता खण्ड 2 भाग 2 के नियम 6 (बी) में प्राप्त अधिकारों का प्रयोग करते हुए श्री भोलानाथ यादव, सहायक अध्यापक

(संस्कृत) राजकीय माध्यमिक विद्यालय देवरिया को यह विशेष रियायत प्रदान की है कि प्रशिक्षण-काल में उनके द्वारा लिया गया अवैतनिक अवकाश उनकी वार्षिक वेतन-वृद्धि में अनुमान्य होगा। कृपया आगे की कार्यवाही सुनिश्चित करें।

संलग्नक—राजाज्ञा की प्रतिलिपि

भवदीय

x x x

उपशिक्षा निदेशक

प्रेषक

जिला विद्यालय निरीक्षक,

देवरिया

सेवा में

प्रधानाचार्य

राजकीय माध्यमिक विद्यालय,

देवेरिया

पत्रांक 792 नि०850/98-99

दिनांक 25 मार्च 1999

विषयः—श्री भोलानाथ का अवैतनिक अवकाश

महोदय,

कृपया अपने पत्रांक 572-(द)/202/97-98 दिनांक 10 अक्टूबर 1998 का संदर्भ लें जिसके साथ आपने उपर्युक्त विषय में श्री भोलानाथ यादव, सहायक अध्यापक (संस्कृत) का प्रार्थना पत्र अग्रसारित किया था।

इस सम्बन्ध में सूच्य है कि राज्यपाल महोदय ने वित्ती।ँ नियमों में प्राप्त अधिकारों का प्रयोग करते हुए श्री यादव को उनके द्वारा प्रशिक्षण काल में लिए गये अवैतनिक अवकाश के विपरीत प्रभाव से राहत दे दी है। अतः श्री यादव का अवैतनिक अवकाश उनकी वार्षिक वेतन-वृद्धि में अनुमान्य होगा।

राजाज्ञा की प्रतिलिपि संलग्र करते हुए अपेक्षा की जाती है कि इसकी समुचित प्रविष्टि श्री यादव के सेवाभिलेख में की जाय और उनकी वार्षिक वेतन-वृद्धि यथापूर्व जारी रखी जाय।

संलग्न : राजाज्ञा की प्रतिलिपि

भवदीय

x x x

जिला विद्यालय निरीक्षक

प्रवाह संक्षेप

उत्तर प्रदेश शासन के शिक्षा सचिव को सम्बोधित अपने दिनांक 15 दिसम्बर 1998 के पत्र सं० 818-2/59/स/97-98 के साथ शिक्षा निदेशक ने राजकीय उच्चतर माध्यमिक विद्यालय देवरिया में संस्कृत के सहायक अध्यापक श्री भोलानाथ यादव का प्रार्थना-पत्र संलग्न करते हुए संस्तुति कि श्री यादव को 5 अक्टूबर 1997 से 20 मार्च 1998 तक लिए गये अवैतनिक अवकाश का उनकी वार्षिक वेतन—वृद्धि पर पड़ने वाले विपरीत प्रभाव से छूट दी जाय। श्री यादव को यह अवकाश अपरिहार्य परिस्थिति में, अपना प्रशिक्षण पूरा करने के लिए, लेना पड़ा था। ऐसी परिस्थिति में छूट देने का अधिकार वित्तीय संहिता खण्ड 2 भाग 2 के नियम 26 (बी) में राज्यपाल महोदय को प्राप्त है। दिनांक 5 मार्च 1994 के पत्रांक बी/6017/15-190/1998-99 द्वारा शिक्षा सचिव ने शिक्षा निदेशक को लिखा कि राज्यपाल महोदय आश्वस्त हैं और श्री भोलानाथ को उनके द्वारा प्रार्थित छूट दे दी गई है—उनका अवैतनिक अवकाश उनकी वार्षिक वेतन-वृद्धि के लिए अनुमन्य होगा, उनके सेवा काल में कोई व्यवधान नहीं माना ज़ायगा। शिक्षा निदेशक की ओर से दिनांक 15 मारग्च 1999 को भेजे गये पत्रांक 818-2/59-(1) 98-99 द्वारा उपशिक्षा शिक्षा निदेशक गोरखपुर मण्डल को आगे की कार्यवाही के लिए निर्देश दिया गया। उपशिक्षा निदेशक गोरखपुर मण्डल ने यथावांछित कार्यवाही के लिए 20 मार्च 1999 के पत्रांक 317/445-3/99 में जिला विद्यालय निरीक्षक देवरिया को आदेश दिया। देवरिया जनपद के जिला विद्यालय निरीक्षक ने प्रधानाचार्य राजकीय उच्चतर माध्यमिक विद्यालय देवरिया को सम्बोधित 25 मार्च 1999 के पत्रांक 792/नि/850/98-99 में शासन के निर्णय से अवगत कराया और उनसे अपेक्षा की श्री भोलानाथ यादव के सेवाभिलेखों में शासनादेश अंकित किया जाय और तद्नुरुप आगे की कार्यवाही सुनिश्चित की जाय।

तालिका-संक्षेप

क्रम सं०	पत्र संख्या	तिथि	प्रेषक तथा प्रेषिती	विषय
1.	818-2/59/ स /97/98	10-2-98	शिक्षा निदेशक इलाहाबाद से शिक्षा सचित उ०प्र० शासन लखनऊ	राजकीय उच्चत माध्यमिक विद्यालय के सहायक संस्कृत अध्यापक को उनके अवैतनिक अवकाश का उनकी वार्षिक वेतन वृद्धि पर पड़ने वाले विपरीत प्रभाव से युक्ति हेतु मुक्ति देने का यह अधिकार राज्य पाल महोदय को वित्तीय संहिता के खण्ड २ भाग 2 के नियम 26 (ब) के अन्तर्गत प्राप्त है।
2.	बी/6017/ 15-190/1 998-99	5-3-99	शिक्षा सचिव उ० प्र० शासन लखनऊ से शिक्षा निदेशक इलाहाबाद	उच्च संदर्भ में राज्यपाल महोदय श्री भोलानाथ के मामले में संतुष्ट होकर उन्हें अवैतनिक अवकाश के प्रतिकूल प्रभाव से मुक्ति देते है।
3.	818-2/59 (1) 98-99	15-3-99	शिक्षा निदेशक इलाहाबाद से उपशिक्षा निदेशक गोरखपुर मंडल गोरखपुर	शिक्षा निदेशक की और से उपशिक्षा निदेशक को राज्यादेश् से अवगत कराकर आगे की कार्यवाही की अपेक्षा की गई।
4.	317/445/ 3/99	3-3-99	उपशिक्षा निदेशक, गोरखपुर मंडल से जिला विद्यालय निरीक्षक, देवरिया	शिक्षा निदेशक के पत्र का संदर्भ देते हुए श्री भोलानाथ यादव के सम्बन्ध में शासनादेश के पालनार्थ अग्रिम कार्यवाही का आदेश।
5.	792-ति/ 850/98-99	25-3-99	जिला विद्यालय निरीक्षक देवरिया से प्रधानाचार्य राजकीय उच्चतर विद्यालय देवरिया	श्री भोलानाथ यादव के अवैतनिक अवकाश के मामले में शासनादेश की प्रति संलग्न करते हुए अपेक्षा की गई कि उक्त शासनादेश की प्रवृष्टि श्री यादव के सेवाभिलेखों में की जाय और तद्नुरुप उनके वार्षिक वेतन में वृद्धि सुनिश्चित की जाय।

प्रश्न— निम्नांकित पत्र-व्यवहार का प्रवाह-संक्षेप तथा तालिका संक्षेप तैयार कीजिएः—

प्रेषक

सचिव, लोक सेवा आयोग, उत्तर प्रदेश

इलाहाबाद

सेवा में,

सचिव

उत्तर प्रदेश शासन,

वित (जी-3) विभाग,
लखनऊ

पत्रांक लोक सेवा /1999/पी/13 (1) 2/98-99
दिनांक 18-1-1999

विषयः—पेंशन का राशिकरण

महोदय,

सेवा में निवेदन है कि इस कार्यालय में कार्यरत श्री जयशंकर प्रसाद यू० ए० डी० 1-1-99 को सेवा-निवृत्त हो गये हैं। उनको 2200/- प्रति मास पेंशन मिलती है। अपनी पेंशन में से 250/- पेंशन की राशिकरण के लिए उन्होंने आवेदन किया है जो मूल रूप में संलग्न है।

राशिकरण के लिए राजाज्ञा हेतु श्री जयशंकर प्रसाद का आवेदन पत्र शासन को इस संस्तुति के साथ अग्रसारित है कि पेंशन के राशिकरण से प्राप्त धनराशि श्री जयशंकर प्रसाद और उनके परिवार के लिए स्थायी रूप से लाभदायक सिद्ध होगी और अवशिष्ट पेंशन उनके और उनके परिवार के भरण-पोषणार्थ पदानुरूप यथेष्ट होगी। उल्लेख्य है कि राशिकरण की धनराशि का उपयोग श्री जयशंकर प्रसाद मेडिकल कालेज में पढ़ रहे एक पुत्र का व्यय चलाने और एक कन्या की शादी में करेंगे। खर्च की दोनों मदें उचित प्रतीत होती हैं। अतएव संस्तुति की जाती है कि राशिकरण हेतु श्री जयशंकर प्रसाद का प्रार्थना पत्र स्वीकार किया जाय।

आयुष्य सीमा विषयक प्रमाण पत्र मिलने पर भेज दिया जायेगा।

श्री जयशंकर प्रसाद की जन्म तिथि 1-1-1941 है। वे इस समय अपनी पेंशन वाराणसी राजकोष से प्राप्त कर रहे हैं।

संलग्नक : पेंशन—राशिकरण प्रार्थनापत्र

भवदीय
x x x
सचिव

पृष्ठांकन सं० लेखा विभाग 1999/पी/(1) 13 (1)/2/98-99 प्रतिलिपि निम्नलिखित को सूचनार्थ प्रेषित उसी तिथि को

श्री जयशंकर प्रसाद, सेवा निवृत्त यू०डी०ए० लोक सेवा आयोग, मकान एम-5ए, मलदहिया, वाराणसी।

संख्या सामान्य—3-2978/99/दस/3208/99

प्रेषक

अनुसचिव
उत्तर प्रदेश शासन
वित्त (जी-3) विभाग

दिनांक लखनऊ 5 मार्च 1999

सेवा में,

सचिव
लोक सेवा आयोग, उत्तर प्रदेश
इलाहाबाद

विषयः—श्री जयशंकर प्रसाद, सेवा निवृत्त यू०डी०ए० की पेंशन का राशिकरण

महोदय,

उपर्युक्त विषयक आपके पत्र संख्या लोक सेवा /1999/पी/13 (1) 2/98-99 दिनांक 18-1-1999 के संदर्भ में मुझे यह कहने का निदेश हुआ है कि राज्यपाल महोदय श्री जयशंकर प्रसाद सेवानिवृत्त यू०ए०डी० को बच्चों की शिक्षा एवं विवाह के लिए 250/= पेंशन के राशिकरण की स्वीकृति इस शर्त पर देने को तैयार हैं कि श्री जयशंकर प्रसाद शारीरिक रूप से स्वस्थ हों।

2. श्री जयशंकर प्रसाद से यह कहा जा रहा है कि वे उत्तर प्रदेश सिविल पेंशन (कम्युटेशन) रुल्स के नियम 18 तथा 19 के अनुसार इस आशय का चिकित्सा प्रमाण-पत्र दो प्रतियों में प्राप्त करने के लिए कि उनके जीने की कब तक संभावना है मुख्य चिकित्सा अधिकारी वाराणसी के समक्ष वाराणसी की चिकित्सा परिषद की बैठक का दिनांक, समय तथा स्थान मालूम करने के लिए उपस्थित हों। श्री जयशंकर प्रसाद अपनी चिकित्सा-परीक्षा के सम्बन्ध में चिकित्सीय परीक्षा के पूर्व परिषद् को निर्धारित शुल्क का भुगतान करेंगे।

भवदीय

x x x

अनुसचिव

संख्या सामान्य 3-2978/99 (1)/ दस 3208/99 प्रतिलिपि, चिकित्सा प्रमाण पत्र के प्रपत्र (दो प्रतियों) सहित मुख्य चिकित्सा अधिकारी वाराणसी को सूचनार्थ तथा आवश्यक कार्यवाही हेतु प्रेषित। चिकित्सा प्रमाण पत्र शासन को 30 जून 1999 तक भेज दिये जाने चाहिए।

संख्या अनुभाग-3-2978/99 (ii) दस/3208/99 प्रतिलिपि निम्नलिखित को आवश्यक कार्यवाही हेतु प्रेषित

श्री जयशंकर प्रसाद सेवा निवृत्त यू०ए०डी० लोक सेवा आयोग, मकान नं० 51 ए, मलदहिया, वाराणसी

अनुसचिव

प्रेषक

मुख्य चिकित्सा अधिकारी,
वाराणसी,

सेवा में,

सचिव
उत्तर प्रदेश शासन,
वित्त (जी-3) विभाग
लखनऊ

पत्रांक /377/एम/8-98-99
दिनांक 8 जून 1999

विषयः—श्री जयशंकर प्रसाद, सेवानिवृत्त यू०ए०डी० लोक सेवा आयोग का चिकित्सीय परीक्षण।

महोदय,

उपर्युक्त विषय में शासन के पृष्ठांकन सं० सामान्य 3-2998/99 (i) दस/3208/99 दिनांक

5 मार्च 1999 के संदर्भ में सूचनार्थ निवेदन है कि यथोक्त श्री जयशंकर प्रसाद चिकित्सा परिषद् के समक्ष आज दिनांक 8 जून 1999 को चिकित्सीय परीक्षण हेतु उपस्थित हुए। परीक्षण में श्री जयशंकर प्रसाद को शारीरिक रूप से स्वस्थ पाया गया। उनके आगामी 15 से 20 वर्ष तक जीवित रहने की संभावना है। चिकित्सा प्रमाण पत्र की दो प्रतियां निर्धारित प्रपत्र में संलग्न हैं।

भवदीय

x x x

मुख्य चिकित्सा अधिकारी

प्रवाह संक्षेप

लोकसेवा आयोग के सचिव द्वारा उत्तर प्रदेश शासन के वित्त सचिव को सम्बोधित दिनांक 18-1-99 के पत्रांक 1999/पी/13 (1) 2/98-99 में अवकाश प्राप्त यू०ए०डी० श्री जयशंकर प्रसाद की 2200/- प्रतिमास की पेंशन में से 250/- के राशिकरण हेतु शासन की अनुमति के लिए संस्तुति की गई। संस्तुति में कहा गया कि राशिकृत धनराशि श्री जयशंकर प्रसाद मेडिकल कालेज में पढ़ रहे पुत्र और एक पुत्री के विवाह पर खर्च करेंगे और यह खर्च आवश्यक और औचित्यपूर्ण है। वित्त (जी-3) विभाग के अनुसचिव ने पत्र सं० सामान्य-3-2979 (99) दस/3208/99 दिनांक 3 मार्च 1999 को उक्त पत्र का उत्तर देते हुए श्री जयशंकर प्रसाद को अपनी 2200/ प्र० मास की पेंशन में से 250/- के राशिकरण हेतु शासन की अनुमति प्रदान की। इसके लिए उन्हें आवश्यक चिकित्सा प्रमाण पत्र प्रस्तुत करने को कहा गया। मुख्य चिकित्सा अधिकारी वाराणसी को प्रेषित पृष्ठांकन में आदेश निर्गत किया गया कि श्री जयशंकर प्रसाद के संभाव्य जीवन काल के सम्बन्ध में चिकित्सा परिषद की रिपोर्ट शासन को 30 जून 1999 तक अवश्य प्राप्त हो जानी चाहिए।

वाराणसी के मुख्य चिकित्सा अधिकारी ने शासन को प्रेषित 8 जून 1999 के पत्रांक 137/एम /8/98-99 में संस्तुति की कि श्री जयशंकर प्रसाद का स्वास्थ्य ठीक है और उनके अगले 15 से 20 वर्ष तक जीवित रहने की आशा है।

तालिका संक्षेप

क्रम सं०	पत्र संख्या	तिथि	प्रेषक तथा प्रेषिती	विषय
1.	1999/पी/13 (1)/2/98-99	18-1-99	सचिव, लोकसेवा उ० प्र० इलाहाबाद से सचिव, वित्त विभाग उ० प्र० शासन लखनऊ	अवकाश प्राप्त यू०ए०डी० श्री जयशंकर प्रसाद की 2200/- म० मा० पेंशन में से 250/- पेंशन के राशिकरण की अनुमति हेतु संस्तुति की गई। श्री प्रसाद को राशिकृत धनराशि लड़के की पढ़ाई और लड़की की शक्ति के लिए चाहिए।

2.	सामान्य 3-2979/ 99/दस/ 3208/99	5.3.99	अनुसचिव वित्त (जी-3) विभाग उ० प्र० शासन से सचिव लोक सेवा आयोग इलाहाबाद	उपर्युक्त विषय में श्री जयशंकर प्रसाद को 2200-/ प्र मा० पेंशन में से 250/- के राशिकरण की अनुमति प्रदान की गई। आवश्यक चिकित्सा प्रमाण पत्र प्रस्तुत करने को कहा गया।
3.	पृष्ठांकन सामान्य 13-2979/ 99 (1) दस 3208/99	5-3-99	अनुसचिव वित्त (ङ-3) से मुख्य चिकित्सा अधिकारी वाराणसी	श्री जयशंकर प्रसाद का चिकित्सा परिषद् द्वारा चिकित्सीय परीक्षण करके रिपोर्ट (दो प्रतियों में) 30 जून 1999 तक प्रेषित करने का निर्देश।
4.	137/एम/ 8-98/99	8.6.1999	मुख्य चिकित्सा अधिकारी वाराणसी से सचिव, वित्त विभाग उ० प्र० शासन, लखनऊ	श्री जयशंकर प्रसाद का चिकित्सा प्रमाण पत्र (दो प्रतियों में) प्रेषित चिकित्सा परिषद की राय में श्री प्रसाद का स्वास्थ्य संतोष जनक और उनके 15 से 20 वर्ष तक जीने की आशा।

प्रश्न— नीचे लिखे पत्रव्यवहार का प्रवाह-संक्षेप और तालिका-संक्षेप तैयार कीजिए।

सं० 647/सत्रह-वि-1-1(क) 8/99

प्रेषक

गृह सचिव,

उत्तर प्रदेश शासन,

लखनऊ

सेवा में,

उत्तर प्रदेश के सभी जिलाधिकारी

दिनांक 4 मार्च 1999

विषयः—माध्यमिक शिक्षा परिषद् की परीक्षाओं का संचालन

महोदय,

मुझे यह कहने का निदेश हुआ है कि गत वर्ष उत्तर प्रदेश माध्यमिक शिक्षा परिषद् की परीक्षाओं के निर्विघ्न संचालन के लिए शासन ने जो अध्यादेश जारी किया था उसका स्थान अब उत्तर प्रदेश सार्वजनिक परीक्षा (अनुचित साधनों का निवारण) अधिनियम सं० 13, 1998 ने ले लिया है। इस अधिनियम के लागू हो जाने से वे सभी खामियां दूर हो गई हैं जिनका सामना 1998 की परिषद् परीक्षाओं में करना पड़ा था।

इस वर्ष माध्यमिक शिक्षा परिषद् की हाई स्कूल और इण्टर मीडिएट परीक्षाएं 23 मार्च 1999 से आरंभ हो रही हैं। आपसे अपेक्षा की जाती है कि उक्त अधिनियम के अन्तर्गत निर्मित प्रावधानों का व्यापक स्तर पर जनसामान्य में प्रचार कराएं।

विशेष रूप से इस प्रावधान की ओर लोगों का ध्यान आकृष्ट किया जाय कि नकल करने का अपराध नये अधिनियम के अधीन संज्ञेय अथवा अजमानतीय होगा। नकल करने वाले.

छात्र/ छात्राओं को पकड़े जाने पर 3 माह का कारावास या 2 हजार रुपए जुर्माना या दोनों दण्ड देने का प्रावधान किया गया है। इसी प्रकार किसी परीक्षार्थी को नकल करने में मदद करने वाले व्यक्ति के लिए एक वर्ष का कारावास या एक हजार रुपये का जुर्माना या दोनों दण्ड का प्रावधान किया गया है।

जिला विद्यालय निरीक्षकों के माध्यम से सभी केन्द्र व्यवस्थापकों को कहा गया है कि नये अधिनियम के प्रावधानों को विद्यालय के सूचनापट पर लगाएं और स्थानीय समाचार-पत्रों में भी उन्हें प्रकाशित कराने का प्रयास करें।

जिला विद्यालय निरीक्षक अपने क्षेत्र के संवेदनशील केन्द्रों की सूची आप के पास प्रेषित करेंगे। ऐसे केन्द्रों पर विशेष पुलिस दल की व्यवस्था होनी चाहिए। क्षेत्रीय दण्डाधिकारियों को अपने दौरे के कार्यक्रम में ऐसे केन्द्रों को वरीयता देनी चाहिए।

संलग्नक = अधिनियम 13,1998 की प्रतियां

भवदीय

x x x

गृहसचिव

प्रेषक

जिला विद्यालय निरीक्षक

आजमगढ़,

सेवा में,

जिलाधिकारी

आजमगढ़

पत्रांक 1254-प-2/99 दिनांक 8 मार्च 1999

विषयः—मध्यशिक्षा परिषद् की परीक्षाएं

महोदय,

कृपया गृहसचिव उत्तर प्रदेश शासन के पत्र सं० 647/सत्रह/वि-1-1 (क) 8/99 दिनांक 4 मार्च 1999 का संदर्भ लें जिसमें अपेक्षा की गई है कि माध्यमिक शिक्षा परिषद् की 23 मार्च से आरंभ होने वाली हाई स्कूल और इंटरमीडिएट की परीक्षाओं के मद्दे-नजर ऐसे परीक्षा केन्द्रों की सूची आप के पास प्रेषित की जाय जहां परीक्षाओं के संचालन में असामाजिक तत्वों द्वारा बाधा उत्पन्न करने की आशंका है।

इस तरह के संवेदनशील केन्द्रों की, जहां परीक्षा के बीच माफियाओं द्वारा कमरों में घुस आने और कक्ष निरीक्षकों को कट्टे दिखाकर नकल कराने की कोशिशें पहले भी हो चुकी है, सूची संलग्न करते हुए जिला—शासन से अपेक्षा है कि ऐसे केन्द्रों पर शान्ति और व्यवस्था बनाए रखने के लिए पर्याप्त संख्या में पुलिस तैनात की जाय और उच्च अधिकारियों द्वारा इन पर बराबर नजर रखी जाय।

संलग्नक—संवेदनशील परीक्षा केन्द्रों की सूची

भवदीय

x x x

जिला विद्यालय निरीक्षक

प्रवाह-संक्षेप

उत्तर प्रदेश शासन के गृह सचिव द्वारा प्रदेश के सभी जिलाधिकारियों को प्रेषित पत्र सं० 647/सत्र वि-1-1 (क)/8-99 दिनांक 4 मार्च 1999 के जरिये सूचित किया गया कि उत्तर प्रदेश माध्यमिक शिक्षा परिषद की 1998 की परीक्षाओं के सम्बन्ध में जारी किया अध्यादेश अब उत्तर प्रदेश सार्वजनिक परीक्षा (अनुचित साधनों का निवारण) अधिनियम संख्या 13, 1998 का रुप ले चुका है और अध्यादेश की कई कमियों को इससे निकाल दिया गया है। शासनादेश में सभी जिलाधिकारियों को नये अधिनियम के प्रावधानों को सख्ती से लागू करने का निर्देश दिया गया और विशेषकर संवेदनशील केन्द्रों के प्रति जिनकी सूची जिलाधिकारियों को जिला विद्यालय निरीक्षकों से प्राप्त होगी, अधिक सतर्कता बरतने की अपेक्षी की जाय।

आजमगढ़ के जिला विद्यालय निरीक्षक ने उक्त अधिनियम के संदर्भ में जिलाधिकारी को सम्बोधित अपने दिनांक 8 मार्च 1999 के पत्रांक सं० 1254-प-2/99 के साथ जिले के संवेदनशील केन्द्रों की सूची संलग्न की और उन केन्द्रों पर शान्ति और व्यवस्था बनाये रखने के लिए विशेष सतर्कता बरतने की अपेक्षा की।

तालिका प्रवाह

क्रम सं०	पत्र संख्या	तिथि	प्रेषक तथा प्रेषिती	विषय
1.	647/सत्रह वि-1-1 (क) 8/99	4-3-99	गृह सचिव उत्तर प्रदेश शासन से सभी जिलाधिकारी	1998 में आध्यामिक शिक्षा परिषद की परीक्षाओं के लिए जारी अध्यादेश को अब अधिनियम सं० 13, 1998 का रूप दे दिया गया। उसके प्रावधानों को 1999 की परीक्षाओं में कड़ाई से लागू करने का निर्देश
2.	1254-प -2/99	8-3-99	जिला विद्यालय निरीक्षक आजमगढ़ से जिलाधिकारी आजमगढ	उक्त अधिनियम के मद्देनजर संवेदनशील केन्द्रों में शान्ति और सुव्यवस्था बनाये रखने के लिए विशेष पर्याप्त संख्या में पुलिस की मांग। संवेदनशील केन्द्रों की सूची संलग्न।